Ludwig A. Rosenthal

Lazarus Geiger

Seine Lehre vom Ursprunge der Sprache und Vernunft und sein Leben.

Ludwig A. Rosenthal

Lazarus Geiger
Seine Lehre vom Ursprunge der Sprache und Vernunft und sein Leben.

ISBN/EAN: 9783743637948

Hergestellt in Europa, USA, Kanada, Australien, Japan

Cover: Foto ©Thomas Meinert / pixelio.de

Weitere Bücher finden Sie auf **www.hansebooks.com**

Vorrede.

___

Wie kommt es, daß unser Wort bei unserem Mitmenschen Verständniß findet, daß diese Töne in seinem Geist dieselben Vorstellungen wachrufen, wie im Innern des Sprechenden?

In welchem Verhältnisse steht das Wort zu seinem Begriffe, steht das Sprechen zum Denken, und gibt es ein Denken ohne Worte?

Woher das Gesetzmäßige in der Sprache? Ist es der Absicht oder dem Zufalle entsprungen, daß sich dieselbe uns bei allen Völkern in so herrlichem und regelrechtem Baue zeigt?

Diese Fragen, welche im Innern jedes Menschen emporgetaucht sind, hat Lazarus Geiger während seines ganzen Lebens zu beantworten sich bemüht; er hat diese Gebiete in überraschender Weise beleuchtet, indem er an der Hand gewissenhafter Beobachtungen uns das Werden und Entstehen der Sprache und damit, wie er annahm, auch der Vernunft, gezeigt hat. Statt von vorn herein über das Bestehende sich zu verbreiten, hat er die Entwicklung desselben darzustellen gesucht.

Das gesammte Geistesleben der Gegenwart wird heute von dem Gedanken beherrscht, der in Lazarus Geiger einen so selbständigen und entschiedenen Verkünder gefunden hat. Es ist unsern heutigen Forschern etwas sehr Geläufiges, ihre Gegenstände hauptsächlich von der geschichtlichen Seite, also in ihrem Entstehen, zu beleuchten; blicken wir aber nur zwei Jahrzehnte zurück, und wir finden eine ganz andere Art wissenschaftlichen Vorgehens, die sich nur mit dem Bestehenden beschäftigt, ohne den Werth der geschichtlichen Herleitung zu erkennen.

Selbständig und ohne Genossen hat Geiger hier den Weg gebahnt; die Abstammungslehre, die vielfach zu gleichen Ergebnissen gelangte, trat zu einer Zeit hervor, als er seinen Gedanken schon vollständig ausgebildet hatte.

Wie kommt es aber, daß sein Name nicht ebenso als Banner wissenschaftlicher Richtungen benutzt wird, wie der des britischen Entdeckers? Daß seine Werke, welche Verbreitung sie auch gefunden haben, doch nicht so bekannt sind, wie sie es verdienen? Durchsuche man die Geschichten der neuzeitlichen Kunst und Wissenschaft, wird man dort den Namen Lazarus Geiger's auch nur verzeichnet finden? Selbst da, wo man von ihm mit Bewußtsein entlehnt hat, ist sein Name nur mit Schüchternheit genannt worden. Hier hat das Schicksal, dem nach dem alten Wort die Bücher untergeben sind, wahrhaft sonderbare Launen entwickelt, und der Denker, welcher zwei Jahre nach seinem eigentlichen Auftreten starb, konnte durch Nichts mehr diesem Mißstande entgegenarbeiten. Allein der berühmte Sprachforscher Professor Ludwig Noiré zu Mainz, ein Mann von wahrhaft selbständigem Forschergeist, der Verkünder einer eigenartigen Weltauffassung, ist hochherzig genug, in allen seinen Werken sich nur als den Fortbildner des Geiger'schen Gedankens auszugeben und mit der Bescheidenheit, die den wahrhaft Großen auszeichnet, auf jeder Seite dem Geiste des Dahingeschiedenen begeistertste Huldigung zu weihen. In seine Fußtapfen ist Wilhelm von Reichenau getreten, wie wir selbst in einem früheren Werke Geiger's Verhältniß zu Noiré zu zeichnen uns bemüht haben. Dort ist er aber mehr gelegentlich behandelt, wie es die Art jener Werke nothwendig macht, während er in keiner größeren Schrift als Selbstzweck des Darstellers erscheint, wie er es nach dem Urtheile derjenigen, denen seine Bedeutung aufgegangen ist, verdient.

Das bewog uns, den Anregungen bedeutender Gelehrten, die uns einen besonderen Beruf zur Ausfüllung der hier klaffenden Lücke zutrauten, nachzugeben, und eine Lebensgeschichte des Frankfurter Forschers zu beginnen. Es galt hier, eine Schuld unserer Zeit gegen den Dahingeschiedenen abzutragen.

Ein Geistesheld ist nie durch seine Lebensschicksale, und wären diese auch stürmisch und fesselnd, von Bedeutung für uns, sondern nur wegen seines Wirkens in Kunst und Wissenschaft; nur um der Vermächtnisse willen, welche die Großen unserm Geistesringen hinterlassen haben, sind wir begierig, etwas von ihnen selbst zu erfahren. Es ist ein so begreiflicher Wunsch, denjenigen, welchen man als in unnahbarer Höhe über sich stehend bewundert hat, auch als Mensch in der Nähe zu betrachten, um sich zu überzeugen, daß er auch ein Sterblicher aus gleichem Stoffe ist, wie wir, um seine Größe begreiflich zu finden, und — gestehen wir es nur, — die Möglichkeit eines gleichen Emporklimmens von unserer Seite daraus zu entnehmen.

Statt nun Geiger's Lebensgeschichte geradezu zu beginnen, mußten wir den Leser erst zur Bewunderung gegen ihn zu entflammen suchen, die Begierde, etwas Näheres von dem dahin= geschiedenen Bahnbrecher zu erfahren, mußte erst erweckt werden, damit man die Einzelheiten nicht unwichtig finde, die wir von seinem Lebensgange berichten. Wir mußten deshalb die Lehre Lazarus Geiger's klar und leichtfaßlich behandeln, den Gedanken, der auch den Fernstehenden, ja, den Gegner als kühn und gewaltig ergreift, darlegen, dann konnten wir der Empfänglichkeit für seine Lebensbeschreibung auch in den Kreisen sicher sein, welche ihn kaum dem Namen nach kennen.

So erhielt die Schrift ein ganz anderes Gepräge, als wir anfangs geglaubt, und ein Doppelzweck mußte uns dabei vorschweben; wir mußten die Gelegenheit ergreifen, sowohl den Gedanken in seiner Bedeutsamkeit, wie auch nachher das Verhältniß des Ent= deckers und seines Lebensganges zu dem Ergebnisse seines Forschens darzustellen. So tritt uns in der Lebensbeschreibung eigentlich das Wachsen dessen entgegen, was wir im ersten Theil als fertiges Ergebniß angeschaut haben.

Wer also die Werke des großen Sprachforschers nicht kennt, der möge zunächst unsern ersten Theil sich zu eigen machen; wer dagegen dem Gedanken Geiger's selbst schon näher getreten ist, der wird am besten thun, zuerst sich der Lebensgeschichte zuzuwenden, und von da aus wird er Anregung zu genauerer Durcharbeitung unseres ersten Theiles empfangen; wir glauben, daß unsere Dar= stellung deshalb für Keinen unnütz ist, daß die Eigenthümlichkeit der Geiger'schen Werke eine solche Verdeutlichung ihres Inhalts unentbehrlich macht.

Da wir über die Abfassung der Lebensgeschichte in der Vor-
bemerkung zum zweiten Theile Rechenschaft abgelegt haben, so möge
uns hier ein Wort über unsere Wiedergabe der Geiger'schen Lehre
vergönnt sein.

Wir halten es nicht für angezeigt, sogenannte „Lichtstrahlen"
aus den Werken großer Denker zu bieten, besonders wichtige Stellen
auszuwählen und diese einzelnen Ziegel als Proben des ganzen
Gebäudes den Lesern darzubieten. Es gibt bei einem so zusammenhängenden Lehrgebäude, wie es Geiger in seinem Hauptwerke uns
vorgeführt hat, ebensowenig einen Unterschied zwischen Wesentlichem
und Nebensächlichem, wie in einer Shakespeare'schen Dichtung; wer
also die Worte des Verfassers selbst anführen wollte, würde nur
Stückwerk hervorbringen, denn um auf diesem Wege etwas Abgeschlossenes zu schaffen, müßte er die gesammten drei Bände
ausschreiben.

Deshalb blieb uns Nichts übrig, als ganz von dem Ausdrucke
Geiger's abzusehen, keine einzige Stelle mit seinen eigenen Worten
anzuführen, unserer Darlegung eine ganz andere Anlage zu geben,
und so in kürzerer, übersichtlicher Art, in volksthümlicher und doch
möglichst wissenschaftlicher Weise den ganzen Gedankengang wiederzugeben, wie wir ihn dem Verfasser nachgefühlt. Es findet sich
hoffentlich keine Lücke in dieser Fassung, der Zusammenhang ist
überall gewahrt, so daß unsere Schrift zu dem Geiger'schen Werke
sich verhält, wie etwa eine kleine Landkarte zu einer riesengroßen;
auf dieser ist das kleinste Dörfchen angegeben, aber die Möglichkeit
eines klaren Ueberblicks ist nicht vorhanden; auf jener aber bemerkt
man wenige Namen und Einzelheiten, aber das Ganze der dar-
gestellten Landstriche stellt sich dem Auge klarer dar. So wird in
den großen Geiger'schen Werken der Leser durch die von dem
gründlichen Verfasser beigebrachten vielen Beispiele und Nachweise,
durch dessen stets großartiges Uebergreifen auf alle Gebiete menschheitlichen Strebens, durch die Göthe'sche Art, seine Absichten und den
eigentlichen Plan nicht von vorn herein dem Bewußtsein des Lesers
aufzudecken, sondern durch die Macht der Thatsachen selbst hervortreten
zu lassen, an einem schnellen Ueberblicke, vielleicht an einem reinen

Genusse des Ganzen gehindert; hier in unseren Abhandlungen sind
wir dagegen beständig bemüht gewesen, die Absichten Geiger's, den
Plan des großen Forschers durchsichtig hervorscheinen zu lassen.
Es durfte auch bei uns an sprachlichen Beispielen nicht fehlen,
nur mußten wir uns davor hüten, daß durch sie das Ganze dem
Auge nicht entschwinde; es mußte eine vorsichtige Auswahl getroffen
werden, damit die Nachweise selbst auch genügend seien und keine
Lücke bleibe; und so wird man es uns wohl verzeihen, wenn wir
nicht immer die von Geiger selbst gebotenen Beispiele gewählt,
sondern hin und wieder andere sprachliche Nachweise für dieses oder
jenes Sprachgesetz angeführt haben; der Gedanke selbst wird dadurch
ja nicht im Geringsten geändert, daß statt dieses griechischen
Wortes ein anderes dasteht.

Während man in Geiger oft einseitig nur den Sprachforscher
achtet, bemühten wir uns, ihn in seiner Eigenart als selbständigen
Denker, als Mitstreber Kants recht klar hervortreten zu lassen,
und wir haben seiner Weltauffassung einen großen Raum in vor-
liegender Schrift gegönnt. Gleichviel, wie man sich zu diesen seinen
Gedanken verhalten mag —, und wir haben selbst in einer früheren,
den Entwicklungsgang der einheitlichen Weltauffassung darstellenden
Schrift „Die monistische Philosophie" zu zeigen uns bemüht, daß
von Cartesius bis zur Neuzeit jeder Denker von seinem Standpunkte
aus Recht behält —, wie man sich also zu jenen letzten Fragen
der Wissenschaft stellen mag: man wird Geiger einen Ehrenplatz
neben den größten Erforschern des Welträthsels einräumen, wird,
selbst ohne sich zu ihm zu bekennen, ihm zugestehen, daß er bei
aller Kühnheit und Selbständigkeit, die vor dem Letzten nicht
zurückschreckt, doch alle Bescheidenheit des wahrhaften Denkers besessen,
der das eigene Ergebniß nicht für unfehlbar ansieht, keinen vor-
schnellen Abschluß seiner Weltauffassung versucht, theils um sich und
Anderen die Möglichkeit eines weiteren Strebens zu wahren, theils
um die Masse der Weltenträthselungen nicht durch eine neue zu
vermehren, die vielleicht bald dem Widerspruch begegnen konnte.
Dagegen hat er die Bausteine herzugeführt, damit die Späteren
ihre Kraft an deren Zusammenstellung erproben möchten.

Wie in jener unserer oben angeführten Schrift haben wir uns selbst und unsere Anschauungen und Empfindungen ganz ferngehalten, die vielleicht nur trübend auf das von uns zu zeichnende Bild hätten wirken können. Wir wollten eine Lücke in der Geschichte der Wissenschaft ausfüllen und mußten uns bestreben, dies mit derselben kalten Ruhe zu thun, die wir früher bei den Darstellungen so verschiedenartiger Denkergebäude zu wahren uns bemüht haben, um nur die Thatsachen sprechen zu lassen. Selbst im letzten Abschnitte des ersten Theils, wo wir, da Geiger den Abschluß seines Werkes nicht erlebt hat, die Folgerungen, welche aus seiner Lehre für das menschliche Leben sich ergeben, selbständig zu ziehen genöthigt waren, hoffen wir dies ganz im Geiste Geiger's und seiner Voraussetzungen versucht zu haben.

Wenn es uns, der Anlage unserer Schrift gemäß, auch nicht möglich war, die Belegstellen nach der Seitenzahl und dem Bande anzugeben, so sind wir doch überzeugt, daß nach dem Lesen derselben man sich in den weitangelegten Geiger'schen Schriften „Ursprung der Sprache" und „über den Ursprung der Sprache und Vernunft" mit Sicherheit und Verständniß, ja, mit wahrer Freude an dem planvollen und großen Baue dieser Werke bewegen wird.

Den Inhalt der kleinen Schriften Geiger's, soweit ihr Gedanke mit dem der Hauptwerke nicht zusammenfällt, haben wir in der Lebensbeschreibung an geeigneter Stelle angegeben.

So übergeben wir diese Schrift der Oeffentlichkeit mit dem Wunsche, sie möge den weitesten Kreisen wahre Empfänglichkeit für die Werke Lazarus Geiger's, wahrhafte Ehrfurcht vor seiner edeln Persönlichkeit einflößen, sie möge als ein kleiner Beitrag gelten, dem Dahingeschiedenen die ihm gebührende Stellung in der Geschichte der Wissenschaft anzuweisen.

Cöthen im Juli 1883.

Ludwig A. Rosenthal.

Erster Theil.

Lazarus Geiger's Ansichten über den Ursprung der Sprache und Vernunft.

I.

Aufgabe der Sprachforschung.

Das Wunderbare der Sprache hat zu allen Zeiten das Nachdenken des Menschen angeregt, schon sehr früh sehen wir die verschiedensten Nachrichten über das Entstehen derselben hervortreten. Alle Völker der Urzeit sind darüber einig, daß die Sprache kein ewiges Bestehen für sich beanspruchen könne, sondern in der Zeit entstanden sei, womöglich auf die seltsamste Weise. Den Mexikanern brachte ein Vogel die Sprache, und zwar theilte er sie nach der großen Fluth den Söhnen des von derselben verschonten Paares zu, deren Nachkommen sich in verschiedenen Mundarten verzweigten. Auch zeigt sich sehr früh überall das Bestreben, einen Grund für die Bedeutung der Worte aufzusuchen, als müßte nothwendig eine Wechselwirkung zwischen Sprachlaut und Begriff bestehen. Hauptsächlich versucht man sich an Eigennamen, deren Zusammenhang mit der bezeichneten Person oder Stadt nicht ersichtlich war, man sucht geschichtlich ein geeignetes Verhältniß herzustellen oder man bemüht sich, Nebenbeziehungen zu entdecken, die sprachlich mit dem Namen irgend welche Verwandtschaft zu haben scheinen; oder die Dichtung spielt mit Gleichklängen und bringt dadurch eine Masse gleichlautender, verschiedene Begriffe enthaltender Worte an einander. Sowohl die Alten suchten im Namen Oidipus den Umstand zu begründen, daß der ausgesetzte

1

Sohn des Laios an den Füßen durchbohrt worden wäre, und da=
von rührte der Name her, und wir haben unsere Ortsnamen Oschatz
und Achalm, deren Ursprung von der Volkssage willkürlich aus
freudigen und schreckhaften Ausrufen zur Zeit der Gründung oder
bei schrecklichen Ereignissen hergeleitet wird.   Da der greise Auto=
lykos grollend odyssámenos zu seinen Kindern gekommen, so soll
er, wie das homerische Lied will, seinem Enkelkinde den Namen
Odysseus gegeben haben.

Hierin sieht Lazarus Geiger eine Ahnung jener kindlichen
Völker, daß das lautlich Gleiche begrifflich sich nicht ungleich sein
kann, weßhalb er es der Mühe nicht unwerth gehalten hat, viele
Beispiele der angegebenen Art unter den verschiedensten Völkern
aufzuweisen, mochten dieselben geschichtlich einander auch noch so
fern stehen.

In späterer Zeit kommen diese dunkeln Vorgefühle mehr und
mehr zum Bewußtsein, und die Erklärer jener für heilig anerkannten
Gesänge gingen an ihr Werk, um in ernsterer Weise den Bedeut=
ungen der Worte nachzuforschen, welche durch die seit ihrer ersten
Fassung verflossenen Jahrhunderte zum Theil räthselhaft geworden
waren.   In Indien beginnt sehr früh eine wissenschaftliche Behand=
lung der Sprache, man ordnet ihre Bestandtheile, indem man Wurzel=
worte an die Spitze stellt und das Abgeleitete ihnen unterordnet;
bei den Arabern zeigt sich später ein Gleiches; dieser Drang theilt
sich der jüdischen Wissenschaft mit, die ja auf erklärungsbedürftigen
Urschriften beruht und in diesem Umstande eine stetige Anregung
zu sprachwissenschaftlicher Thätigkeit findet; hier war die Kenntniß
der Gesetze eine hohe Pflicht, man fand im Wortlaute der heiligen
Schriften viele Andeutungen für das spätere Leben des Volkes,
Gesetzeslehrer und Volksredner machten sie zur Grundlage ihrer
Bemühungen.   Aber ihnen standen die Urschriften oft räthselhaft
gegenüber, zumal noch chaldäische Bestandtheile darin enthalten sind.
Die Schulen Palästina's und Babylons sahen jedoch in den Sprachen
der dortigen Völker so Manches erhellt, was die Schrift sprachlich
Räthselhaftes bot.   Wie Vieles sich hier auch auf Muthmaßung
gründete, jedenfalls war dies Betrachten mehrerer Sprachen zur
Erkenntniß eines nicht ganz verständlichen Schriftthums der rechte Weg;
in ihrer Mitte tritt zum ersten Male d i e Sprachwissenschaft hervor,
welche durch Vergleichung verschiedener Gebiete zunächst eine genauere

Feststellung der Bedeutung erstrebte, wenn sich diese Thätigkeit auch begreiflicherweise auf die semitischen Mundarten beschränkt. Das führte sie dazu, gleich den Arabern den Wortschatz derartiger Schwestersprachen in großen Sammelwerken zur Beachtung zusammenzustellen. Ein weiterer Fortschritt ist es, daß Wörterbücher zur Vergleichung fast aller bekannten Sprachen verfaßt werden; es ist dies eine Folge des neuzeitlichen innigeren Völkerverkehres. Durch dies Verfahren wird es licht auf allen sprachlichen Gebieten, und viele einst so feststehende Anschauungen werden unerbittlich von der Macht der Thatsachen verscheucht. In allen Völkern trifft man begrifflich ganz dasselbe an, die Sprachen der örtlich einander fernsten Länder zeigen eine überraschende Gleichheit des Lautlichen, die sich bis auf's Kleinste erstreckt. Eine Entlehnung anzunehmen, ist man durch Rücksichtnahme auf die geschichtlichen Verhältnisse abgehalten; man sieht diese Völker eben, so weit die Geschichte den Blick des Forschers lenkt, einander ganz fremd bleiben. Dies Räthsel löst sich aber nicht anders, als indem man Völker der Art als in der Urzeit zu einem Ganzen vereint auffaßt, das durch geschichtliche Umwälzungen sich in der Weise zersplitterte, wie wir es jetzt gestaltet sehen. Das Stämmeverhältniß der Menschen wird dadurch völlig neu beleuchtet, ganz anders geordnete Massen treten vor unser Auge; vom Hymalaya sehen wir die Indogermanen nach Nordwesten ziehen, während zwischen Euphrat und Tigris das Stammland der Semiten zu suchen ist; nun läßt sich erst entscheiden, welche Sprachen für ursprünglich, welche für abgeleitet gelten könnten, auch das Wesen der Entlehnung läßt sich auf solcher Grundlage fester bestimmen. Wie weit wir aber auch gehen, selbst da, wo Stammverwandtschaft ebensowenig möglich ist, wie Entlehnung, sieht der Forscher überrascht Gleichheit der Begriffe und der Satzbildung, die so wunderbare Gliederung der sprachlichen Bestandtheile ist dieselbe.

Das ruft das Nachdenken in noch höherem Maßstabe wach, und jene alten Fragen, wie sie schon das alte Griechenthum in seiner Mitte auftauchen sah, treten mit neuer Kraft hervor: Ist die Sprache, wie Demokrit und Aristoteles gewollt, ein Erzeugniß menschlicher Willkür, eine Folge gemeinsamer Uebereinkunft, wodurch die vorweltliche Menschheit mit einander in geistige Verbindung zu treten beabsichtigte? In diesem Falle giebt es weder eine Bedeutungslehre, die mit den Lauten nothwendig in Zusammenhang zu bringen

wäre, noch ein unabänderliches Sprachgesetz, dem jeder seine An=
sichten vom sprachlich Richtigen oder Falschen unterzuordnen hätte.
Wie die Worte der Willkür entsprungen sind, so wären sie der
Laune des Sprechenden überlassen, und jede sprachliche Entartung
schiene berechtigt. Es müßte aber außerdem nachgewiesen werden,
daß jenes an der Pforte alles sprachlichen Lebens stehende Geschlecht
die jetzige Menschheit an Geisteskräften weit überragt habe, da uns
die Gabe völlig fehlt, willkürlich so vollkommene Sprachgebilde aus
uns selbst zu erzeugen und bei dem Versuche nur elendes Machwerk
hervorkommen würde. Bedenken wir die unendlichen Feinheiten einer
jeden Sprache, wie kein einziger Zug derselben zwecklos ist, wie
durch jede einzige Besonderheit der Begriff schärfer und klarer vor
unser geistiges Auge tritt, wie sich hier Schönheit und Zweck so
herrlich vereinen, so dürften wir wohl nicht anstehen, die Sprache
als die stolzeste Schöpfung des menschlichen Geistes anzusehen, um
so wunderbarer, als sie der geistigen Regsamkeit, die ja nur eine
Folge der Sprache sein kann, vorangegangen sein soll. Jene
Sprachbildner sahen demnach die Bedürfnisse der fernsten Zukunft
voraus, sie schufen eine Grundlage für Begriffe, von denen sie noch
gar Nichts ahnen konnten, sie fanden die geeigneten Lehrmittel, diese
wunderbaren Laute ihren Mitwesen zum allgemeinen Verständnisse
zu bringen. Was konnte ihnen den Gedanken gegeben haben, durch
irgend eine hörbare Mundbewegung ihr Denken klar dem Innern
des Nebenmenschen nahezulegen? Es konnte doch nur das Bedürf=
niß gewesen sein, was jene Geschlechter zur Nutzanwendung der
sprachbildenden Fähigkeit trieb, und eben weil uns ein solches Be=
dürfniß fern liegt, mag diese Kraft als nutzlos und nicht anwend=
bar in uns erloschen sein. Möglicherweise machte die drängende
Noth den Menschen nach dieser Seite hin erfinderisch, und die ersten
Worte der Sprache enthielten somit nur das, was ihm zu seiner
Erhaltung am wichtigsten war, erst später mußte er darauf kommen,
den Boden der treibenden Nothwendigkeit zu verlassen, sich durch die
Sprache zu einem ruhigen, betrachtenden Ueberblicke über alles Vor=
handene zu erheben und es endlich bis zum übersinnlichen, vielum=
fassenden Begriffsworte zu bringen. So sollen die Urmenschen den
sprachlichen Stoff erfunden haben, mit welchem später Denker und
Dichter ihre herrlichsten Gebilde hervorbringen konnten, und der
ebenso der nüchternen Alltäglichkeit zu dienen geeignet war, in dessen

Bereich alles wahrhaft Menschliche hervorkommen konnte. Freilich müßte die ganze Vergangenheit sprachlicher Bewegung beweisen, daß ihr ursprünglicher Zweck augenblicklichen Lebensbedürfnissen entsprach, daß sie aus der nüchternen Bezeichnung nothwendiger Geräthe und dergleichen zu einer immer höhern Geistigkeit sich erhob, bis sie geeignet wurde, dem bedürfnißlosen Weisen ebenso förderlich entgegenzukommen und ihn bei seinen Forschungen zu begleiten.

Scheint aber eine solche Erklärung nicht selbst zu viele Räthsel mit sich zu führen, um das Wunderbare wahrscheinlicher zu machen? Sollte in den Lauten, die eine Sprache uns bietet, nicht eine gewisse Nothwendigkeit liegen, daß sie, weit entfernt, ein Ergebniß menschlicher Laune zu sein, vielmehr die Eigenschaften des Begriffes durch ihren raueren oder weicheren Klang bezeichneten? Vielleicht übten, wie der alte Epikur und unser Herder annahmen, die Dinge auf den Menschen nothwendig einen solchen Einfluß aus, daß er unwillkürlich Laute von der und der bestimmten Klangfarbe vereinte, so daß wir in der Sprache die möglichst hinreichende tönende Nachahmung der Außenwelt vor uns hätten. Es ließe sich das Gesetzliche in der Sprache, was als Folge menschlicher Absicht schwer denkbar wäre, als Wiedergabe gesetzlich feststehender Vorgänge der Wirklichkeit erklären, sowie auch das Verständniß der Sprache, weil sie in den Lauten den nothwendigen Eindruck darstellt, den die Dinge auf a l l e Menschen hervorbringen, durch eine solche Auffassung leicht erklärlich wäre. An den Sprachforscher, der in dieser Weise alles erklären wollte, träte nun freilich die Aufgabe heran, die gesammte Sprachwerdung aus Schallnachahmung herzuleiten, diejenigen Sprachbestandtheile, die lautlich und begrifflich irgend welche Töne bezeichneten, an die Spitze zu stellen, als die ältesten anzusehen und daraus Alles herzuleiten. Das sittlich Schöne, das gestaltlich Angenehme, wie es in unzähligen Erscheinungen uns nahetritt, müßte also in seinem Laute selbst etwas Anziehendes enthalten, was sich schließlich auf Schallnachahmung wird zurückführen lassen müssen. Bedeutende Schwierigkeiten durften sich erheben, wenn einmal ein wirklich tönender Gegenstand, der sich der sprachlichen Nachahmung leicht darbietet, in einer ungeeigneten Weise bezeichnet wäre; wenn sich außerdem das Verlangen kund thäte, das allgemeine Verständniß, welches eine lautliche Nachahmung irgend welcher farbiger oder gestaltlicher Eindrücke fände, nicht etwa v o r a u s z u -

setzen, sondern zu erklären, ja, auch nur klarzulegen, wie eine
so durchgeführte Uebertragung des Tönenden auf das Nichttönende
ohne willkürliche Dreherei und Künstelei durchgängig zu ermöglichen wäre? Wer die Dehnbarkeit aller möglichen Auffassungen
kennt, wird nicht läugnen, daß besonders auf dem Gebiete der Sprache
der Einbildungskraft des Erklärers leicht ein zu weiter Spielraum
offen ist, daß, was geistreich an einander gefügt ist, dadurch gerade
am wenigsten für unzweifelhaft ausgegeben werden kann. So groß-
artig auch der Gedanke scheint, den Menschen unwillkürlich vom
gewaltigen Donner, vom Brausen des Sturmes, vom lieblichen
Rieseln des Sturzbachs, vom Gesange der Vögel, überhaupt durch
die Sprache des Weltalls zur Sprachbildung angeregt zu sehen wie er
mit den ihn umgebenden Mächten ursprüngliche Zwiesprache hält, so
einfach diese Auffassung uns scheint, so sehr sie mit vielen unserer
Vorempfindungen übereinstimmt, so schwierig ist ihr Nachweis. Unser
Wort Donner würden wir gewiß für eine Schallnachahmung ansehen, wenn das lateinische tonitru uns nicht etwas Gleiches zeigte,
wo aber die Gewalt des Lautes schon sehr abgeschwächt ist, rollen
und Rad entpuppen sich schließlich als rota und rotulare, und je
weiter wir diese Worte nach dem Ursprunge hin verfolgen würden,
desto weniger würde uns von der Schallnachahmung bleiben. Wäre
in ihr der Beginn der Sprachentwicklung zu suchen, so müßten
unsere Worte, je weiter nach dem Ursprunge zurück, desto mehr ge-
waltige Klänge entfalten. Wenn aber je ein Laut in „Donner"
benannt wurde, so war es die menschliche Stimme, die man darin
versinnbildlicht sah, wie im Hebräischen Koloth von Kol. Würde
der Scharfsinn eines Forschers schließlich die oben aufgeworfenen
Fragen in genügend scheinender Weise beantworten, und die Annahme der Schallnachahmung schiene gesichert, so kämen als weitere
Schwierigkeiten noch folgende: War und ist die Sprache ein laut-
liches Spiegelbild der Außenwelt, wie es nothwendig in jedem
Menschen, weil er Mensch ist, erscheint, und läßt sich das allgemeine Verständniß daraus erklären, warum sind so viele Sprachen
vorhanden, die doch auch auf angegebene Weise entstanden sein müssen
und dasselbe dennoch verschieden ausdrücken? Giebt es also für denselben Eindruck so mannigfaltige sprachliche Gebilde, die sich an
Laut so wenig gleichen, die so wenig Wiederhall in unserm Innern
finden, daß wir fremde Sprachen keineswegs von vorn herein ver-

stehen, sondern sie erst erlernen müssen, wie läßt sich trotzdem eine
solche Erklärung aller Sprachforschung zu Grunde legen? Demnach
dürfte es ja nur eine Sprache geben, wie ja nur eine Menschheit
vorhanden ist; und im Großen und Ganzen sind es ja überall die
gleichen Gegenstände, die anregend an den Menschen herantreten;
Verschiedenheiten machen sich nur in Nebenbeziehungen geltend. Auch
müßten alle Dinge, wenn alle auf den Menschen wirken konnten,
von vorn herein in der Sprache benannt worden sein, ohne Rücksicht
auf ihren Werth für den Menschen, mindestens dürfte es sich nicht
erweisen lassen, daß nicht tönende Gegenstände in der Sprache von
Anfang an mehr berücksichtigt worden seien, als solche, die von selbst
eine tönende Sprachnachahmung hervorrufen, dürfte keine vergleich=
ende Sprachforschung beweisen können, daß die Worte, die uns jetzt
schallnachahmend scheinen, ursprünglich ganz anderen Begriffen ge=
dient haben und mit Tönen durchaus Nichts zu schaffen gehabt
hätten; schlimm wäre es, wenn dem Forscher der Nachweis gelänge,
daß, wo eine Schallnachahmung wirklich vorhanden ist, diese im Ur=
worte nicht zu bemerken gewesen, daß vielmehr das Volksbewußtsein
dem betreffenden Worte die tönende Gestalt verliehen habe, die nun
so täuschende Gewalt besitzt.

So stehen sich seit grauer Vorzeit auf diesem Gebiete zwei
Ansichten schroff gegenüber, zwischen denen es scheinbar keine Ver=
mittelung giebt. Beiden stellen sich sehr schwerwiegende Bedenken ent=
gegen, beide aber finden doch wiederum eine gewisse Anerkennung
in uns, sie scheinen, wo nicht die Wahrheit selbst, so doch ein Körn=
chen Wahrheit zu enthalten; sie scheinen uns auf den ersten Blick
von sehr berechtigten Voraussetzungen auszugehen: betrachten sie doch
die Vernunft als ursprünglich genug im Menschen, um es ihm zu=
zutrauen, daß er vor dem Bestehen einer Sprache weitgehende Ab=
sichten bezüglich einer sprachlichen Umfassung aller Dinge gehegt hätte.
Ist die Sprache ein Ausdruck des vernünftig Erfaßten, so scheint
die Vernunft gerade deswegen vorher bestehen zu müssen, da das
Werkzeug doch früher da sein muß, als die dem Stoffe dadurch
entrungene Gestalt. Auch scheint uns die Auffassung berechtigt,
daß die Eindrücke der Außenwelt stets voll und ganz auf den Men=
schen gewirkt haben müssen, daß ihre unbewußte Wirkung in ihm
die Sprache als eine Art Offenbarung all der Herrlichkeit macht=
voll sich hätte hervordrängen lassen. Die innern Widersprüche dieser

bewußten Absichtslosigkeit und dieser unbewußten Absichtlichkeit, die aus einer etwa versuchten Ausgleichung beider hervorkämen, zu lösen, das dürfte für die Wissenschaft eine schwierige, vielleicht doch nicht ganz undankbare Aufgabe sein; in der Ausgleichung zeigt sich ja schließlich die wahre Größe jeder Forschung.

Die erste jener beiden Auffassungen, der die Sprache ein Kind menschlicher Willkür und berechnender Uebereinkunft ist, würde den Sprachlaut für ganz gleichgültig in Bezug auf die Bedeutung des Wortes halten und zu der Folgerung berechtigen, daß nach menschlicher Laune durch jeden Laut jeder Begriff bezeichnet werden könnte; die zweite Ansicht dagegen, die der Schallnachahmung, würde der Gestalt des Wortes eine ungeheure Wichtigkeit für den dadurch bezeichneten Gegenstand oder Begriff zuschreiben und gewissen Lauten ganz bestimmte Bedeutungen zuerkennen. Diesen Anschauungen tritt nun Geiger in genauer Würdigung ihres beiderseitigen Werthes entgegen; das Verhältniß der menschlichen Absichtlichkeit zur Macht des Unbewußten zu suchen ist sein Zweck, aufzuhellen, was Nothwendigkeit, was Freiheit und was Zufall ist, hauptsächlich aber zu untersuchen, inwiefern eine Vernunft ohne Sprache möglich ist, inwiefern man dem Menschen eine Absicht zutrauen kann, und nun gar die Absicht, ein Mittel zur Mittheilung zu entdecken ohne das Mittel zu besitzen, was zu dessen Verständlichkeit und Mittheilung nothwendig war, die Gabe der sprachlichen Mittheilung selbst; auch wollte er zu erforschen sich bemühen, inwiefern durch die Noth des Menschen die Sprachwerdung könnte beeinflußt worden sein, inwiefern dem Menschen überhaupt die Sehnsucht nach etwas ihm so Unbekanntem und Fernstehendem, wie es die Sprache dem Sprachlosen sein mußte, hätte kommen können.

Freilich darf der Forscher mit keinerlei derartigen Voraussetzungen und Forderungen an seinen Gegenstand, an die vorhandenen Sprachen, herangehen, er geriethe sonst in Gefahr, zu finden, was er sucht, weil er eben nur dies und nicht etwas anderes sucht. Gerade eine entwickelte Sprache der Gegenwart könnte ihn sehr leicht irreleiten, wenn er einen Augenblick vergäße, wie weit von ihrem ursprünglichen Zustande sie sich entfernt hat, wie weit er ihr daher in die Vergangenheit folgen muß. Täuschend hält sie ihm ihre Schätze entgegen, überall scheinen ihm die schönsten Erfolge für eine Bedeutungslehre zu winken, aber wohin würde ihn ein blindes Vertrauen

auf diese Sinnestäuschung führen! Nach dem heutigen Standpunkte
der vergleichenden Sprachwissenschaft würde wohl Niemand seine
Forschungen auf der Oberfläche beginnen, sondern er wird sie vor-
sichtig ablösen, um zu erkennen, aus welchen Bestandtheilen das
unter ihr Befindliche gebildet ist. Wenn man sich nur einen kleinen
Begriff der Schwierigkeiten, die dem Sprachforscher hier entgegentreten, machen will, so betrachte man nur das ungeheure Gebiet
der Entlehnung, der fremden Bestandtheile, die man als solche
kaum erkennt. Wie viele Worte sind nicht geradezu durch Mißverständniß zu ihrer jetzigen Gestalt und Bedeutung gelangt! Man
suchte einen fremden Ausdruck den heimischen Begriffen näherzu-
bringen, gestaltete ihn schließlich bis zur Unkenntlichkeit um, so daß
er zuletzt seinen fremden Ursprung ganz verläugnete. Und war
jener Ausdruck vielleicht ursprünglich der Sprache angehörig, der
man ihn entlehnt hatte? Verfolgte man seine Geschichte genau, so
stellte er selbst sich möglicherweise als ein Ergebniß gelehrter Sprachmischung dar, wovon die erste Silbe semitisch, die zweite indo-
germanisch war; schon der Gelehrte konnte ihn seiner Zeit mißver-
standen haben, und er gehörte seinem Ursprunge nach nicht dem
Begriffe an, den er ihm untergelegt. So entsprang ein Wort dem
Semitischen und ging in die griechische Umgangssprache über, dann
drang es in die Denkerhalle und gelangte dort zu einem neuen
Begriffe; Alexander trug es auf seinen Zügen zum Morgenlande
zurück, wo es als Fremdwort einheimisch wurde; später griff es die
muhamedanische Wissenschaft auf, durch sie kam es begrifflich und
lautlich tausendfach verwandelt dem europäischen Gelehrten zu, um
in dieser Gestalt in unsere Umgangssprache überzugehen; klingt es
nun zufällig einem einheimischen Worte ähnlich, und ist seine Bedeutung auf den Wanderungen eine recht weitumfassende geworden,
so kann es noch der Ehre der Verwandtschaft mit demselben ge-
würdigt werden, man könnte in den Lauten begriffliche Beziehungen
finden, oder eine Absicht der Sprachbildner in solcher Vereinigung
erkennen, die von vorn herein gar nicht bestand. Wenn wir von
dem Baumeister Mansart nie etwas gehört hätten, zu welch seltsamen Herleitungen unseres Wortes Mansarde würden wir uns
versucht fühlen! Mehlthau stammt aus dem griechischen miltos,
Rothbrand, Abenteuer leitet sich von aventure her, aus dem
Rufe all'arme, zu den Waffen, hat sich unser Lärm gebildet.

das sehr deutlich klingende Münze, Worte wie schreiben und
kosten sind fremde Pflanzen. Aus dem griechischen pará bei,
dem lateinischen veho ziehen und rheda Kutsche machten die
späteren römischen Gesetzeslehrer paraveredus, ein Postpferd
für Nebenwege; beim Beginne des Mittelalters nannte man die
Reisepferde für den Landesherrn parafredus, das Wort drang ins
Volk, welches den Begriff erweiterte, woraus schließlich Pferd ge=
kommen ist. Aus Hamak, dem Bette, machte das Volk der
Schiffer Hängematte, und aus markata, dem Affen, schreibt
sich unsere Meerkatze her. Wie leicht kann da die Spur irre=
leiten und der Forscher zu scheinbar naheliegenden, in Wirklichkeit
aber verfehlten Begriffserklärungen verführt werden. Derartige
Schwierigkeiten treten ihm auf Schritt und Tritt entgegen, als
wollte die Sprache voll Eifersucht ihre Geheimnisse vor ihm wahren;
um so mehr ist er gezwungen, den Weg in die Vergangenheit zu=
rückzufinden.

.Derartige Umstände, die ihm die Anschauung einer beab=
sichtigten Sprachschöpfung eben so fern scheinen läßt, wie die
von außen her unabänderlich nothwendige, sieht Geiger bei aller
Erschwerung, die durch sie verursacht worden, gerade für sehr vor=
theilhaft an. Indem man ein solches Wort durch die verschiedensten
Zeiten und Völker verfolgt, bis man in der Ferne auf seinen Ur=
sprung stößt, wird man ebenfalls den Begriff desselben als in stetem
Wandel begriffen aufspüren können. Wird man es nun wohl einer
Absicht oder einer lautlich=begrifflichen Nothwendigkeit zuschreiben
können, wenn das, was heute einen lobenden Begriff hat, vor zwei=
hundert Jahren einen Tadel in sich schloß, sei es in sittlicher oder
geistiger Beziehung? Bevor wir das Verabscheuungswürdige schlecht
nannten, mußte dies den Uebergang durch den Begriff des Nied=
rigen mitmachen, vorher bezeichnete man damit das Einfache,
und in der Vorzeit durfte man die Gottheit schlecht nennen, ohne
der Lästerung angeklagt zu werden, denn es hieß eben gut; bei
uns hat sich diese lobende Bedeutung in schlicht und recht er=
halten, während jenes Wort das Schlimme bezeichnet. Während
wir unter kindisch etwas Tadelnswerthes verstehen, den kindlichen
Menschen aber achten, that man es vor hundert Jahren gerade um=
gekehrt. Wie kamen wir überhaupt zu diesen Eigenschaftsworten
sittlicher Bedeutung? Dazu gelangten wir womöglich aus dem Ur=

begriff einer körperlichen Eigenschaft, in der man etwas Wünschens-
werthes oder Verhängnißvolles sah, bis man es auf's Geistige
übertrug.

Es ist eben Entwickelung, was Geiger in dem Leben der
Sprache bemerkt, beständige, nie stillstehende Bewegung der Laute
wie der Begriffe; darum läßt sich mit ihr nicht wie mit etwas Vor-
handenem rechnen, sondern sie läßt sich stets nur als etwas Werdendes betrachten. Man wird daher gezwungen sein, die Beziehungen
der Begriffe, die nachweislich nach einander an einem Worte her-
vortraten, zu entdecken, das würde zu einer Bedeutungslehre eine
schätzbare Vorarbeit sein. Würde sich nämlich durch Vergleichung
zeigen, daß in den verschiedensten Sprachstämmen die gleichen Begriffe sich auch an einem Worte derselben Bedeutung und lautlichen
Gestalt aus einander entwickeln, dann wäre eine gewisse Beziehung
des Sprachlautes zur Bedeutung gefunden, es früge sich nur, ob
sie auf einen nothwendigen Einfluß der Außenwelt schließen lassen
könnte.

Alle Entwickelung läßt sich eben nur geschichtlich verfolgen,
und je weiter zurück zur Vergangenheit, von desto geringerem Umfange muß das zu Entwickelnde sich darstellen. Würde sich hier
das am Wesen der Begriffe selbst nachweisen lassen, so wären auch
sie im Menschen entwickelt, und die Sprache irgend einer Zeit
würde eben nur zeigen, wieviel der Mensch damals bemerkte,
d. h. begrifflich umfaßte. Man würde also, indem man die Worte
bald in ihrer Heimath an Bedeutung wachsen, bald von Land zu
Land als Gegenstand der Entlehnung wandern sieht, über die Verhältnisse der Völker zu gewissen Zeiten klar werden, man würde oft
durch die wildesten Kriegszüge die Völker in ein Verhältniß sprachlicher Entlehnung zu einander treten, die Bildung ihre Wege von
Erdtheil zu Erdtheil einschlagen und ihr befreundendes Band um
die Länder schlingen sehen, indem zu bestimmten Zeiten die Standes-
unterschiede, die Schrift, die Zahlen entlehnt werden. Das würde
dem Sprachforscher manche Rückschlüsse auf den Zustand von Völkern
gestatten, die das von außen her entlehnen mußten, was uns vom
Menschenthume untrennbar scheint; schweigt auch die Geschichte, so
spricht die Sprachvergleichung.

In der Sprachforschung sieht Geiger die Möglichkeit, das Wesen
der Vernunft erfahrungsmäßig zu beleuchten, was Kant für unmög-

lich hält; das nachweisliche Schicksal der Worte und Begriffe soll
ihn das Schicksal des Menschengeschlechtes seit der Urzeit erkennen
lehren; sie soll ihm die äußere und die innere Entwickelung des
Menschen klarer darstellen, als die oft fraglichen Quellen der Geschichte. Vielleicht findet sich ihm dann ein Mittel, daraus durch
Vergleichung und Folgerung eine Entwickelungsgeschichte alles Bestehenden darzulegen.

So tritt bei Geiger die Sprachforschung über das enge Gebiet des Schulmäßigen hinaus, um das Denken und Thun, das
Werden und Wachsen der Menschheit gesetzmäßig zu beleuchten.
Damit ruft sie die Theilnahme des ganzen Menschengeschlechts wach,
sie erlangt allgemeinmenschlichen Werth, will sie doch das höchste
Ziel menschlichen Strebens, Selbstkenntniß und geistige Durchdringung der Außenwelt lehren, nicht durch dunkeln Formelkram, sondern
durch unläugbarscheinende Thatsachen.

Umfang des Lautwandels.

Damit der Forscher auf seinem Pfade in die Vergangenheit durch den Schein der Gleichheit oder Unähnlichkeit nicht beirrt werde, muß er die lautliche Wandlung eines Wortes soweit verfolgen, bis es ihm unmöglich ist, weiter zu gehen. Er wird das betreffende Sprachgebilde einem andern, scheinbar gleichen, aber doch unmerklich verschiedenen, näher zu bringen suchen, bis sich allmälig die Gestalt des jetzigen Wortes völlig verwischt und als eine ganz unkenntlich verschiedene sich darstellt. Er muß sich hier nur hüten, nicht voreilig Lautwandel und Begriffswandel als einander deckend anzusehen, sonst könnte er sehr weit von seinem Wege abgeführt werden und manches, was einander ganz fremd ist, auf Grund oberflächlicher Lautähnlichkeit durch geistreiche Drehung der Begriffe als einander verwandt darstellen. Wie leicht ließe sich nicht Elixir aus dem lateinischen elixare, sieden, ableiten, da man doch am Elixir viel herumbrauen muß; und dennoch ist dies ein arabisches Wort elixîr, es bezeichnet das Pulver der Weisen, das zum Goldmachen benutzt werden sollte. So sind Chemie und Alchymie, so leicht sie sich einander begrifflich nahebringen ließen, ganz verschiedenen Ursprungs, letzteres kommt geradezu aus dem arabischen alkimija, was auch den Stein der Weisen bedeuten soll. Es muß dem Pfadsucher hauptsächlich daran liegen, Wörter von gleichen Begriffen aufzuspüren, die einst in der Ursprache sich auch lautlich glichen,

heute aber bis zur Unkenntlichkeit entstellt sind und ihre einstige
Verwandtschaft in ihrer Gestalt nicht im Geringsten ahnen lassen.
Hier kann er sicher sein, wenn er den Lautwandel verfolgt, durch
keinen Schein beirrt zu werden, denn das, was durch die Jahrtausende
den gleichen Begriff behalten hat und was man als in der Vorzeit
lautlich ähnlich nachweist, wird wohl Anspruch auf ursprüngliche
Gleichheit machen können, und daran läßt sich wohl die Darstellung
einer Entwickelung versuchen.

Ein solches Verfahren schreibt Geiger dem Sprachforscher vor,
weil er so, indem er zunächst es nur mit etwas sinnlich Faßbarem,
mit dem Körper des Wortes und dessen sichtlichen Wandlungen
zu thun hat, am leichtesten den Weg in die Vergangenheit finden
kann. In dieser Hinsicht ist ihm die Lautverschiebung wichtig, die
sich innerhalb eines gewissen Sprachstammes bemerkbar macht, wo=
durch in einer bestimmten Folge die Laute einen Kreislauf z. B. vom
weichen zum harten und von diesem zum gehauchten Kehllaute mit=
zumachen haben, bis durch nochmalige Umkehr der ursprüngliche Zu=
stand wiederhergestellt werden kann. Wenn das hebräische satan
im Arabischen schaitan wird, wogegen dem arabischen salam
das hebräische schalôm entspricht, wenn das hebräische ajin im
Aramäischen zum tsade wird, wenn aus dem lateinischen cornu
das deutsche Horn, aus hostis Gast wird, so sind dies völlig
gesetzmäßige Vorgänge, bei denen man menschliche Absicht ebenso=
wenig erkennen kann, wie man ihnen einen Einfluß auf die begriff=
liche Entwicklung, auf die Bedeutung der Worte, nicht zusprechen
darf. Leitete den Forscher hier nicht die zeitlich bestimmende Ge=
schichte der Laute, zu was für seltsamen Schlüssen würden ihn diese
Verwandlungen veranlassen!

Eine andere Erscheinung ist der Lautverlust. Es zeigt sich
nämlich in allen Sprachen die Neigung, zu bestimmten Zeiten ganz
bestimmte Laute aus ihrem Gebiete zu entfernen, oder gewisse Laut=
verbindungen unmöglich zu machen. Sehen wir, wie in manchen
Sprachen keine Wurzel mit einem gewissen Laute beginnen und zu=
gleich schließen kann, so berechtigt uns das keineswegs zum Schlusse,
daß es immer so gewesen sei; vielmehr waren früher solche Wurzeln
vorhanden, bis die Sprache einen der betreffenden Buchstaben aus=
stieß. Im Griechischen sind nachweislich j und w verloren gegangen,
außerdem kann keine Wurzel mit einem Hauchlaute beginnen und

enden, im Lateinischen sind die Hauchlaute überhaupt fast ganz auf die
Sterbeliste gesetzt, der S-laut, mit dem einst viele indogermanische
Wurzeln begonnen haben, ist jetzt nur unter ganz besonderen Be-
dingungen dort am Anfange sichtbar; die semitischen Sprachen haben
insgemein dreibuchstabige Wurzeln, aber auch dies ist erst eine Folge
zerstörender Bewegungen, und es läßt sich nachweisen, daß es einst
sowohl größere wie kleinere Wurzeln gegeben hat. Außerdem hat
der Forscher dann noch mit dem Lauter satze zu rechnen, indem
für das Ausgestoßene etwas anderes eintrat; durch solche Verluste
und Ansätze wird die Gestalt der Worte immer unkenntlicher gemacht, da sich schließlich das Ganze verwandelt hat. Fand sich ein
lautlicher Ersatz nicht, war mit dem ausgestoßenen Laute eine Schutz-
mauer gewichen und an ihrer Stelle keine andere errichtet worden,
so schleifte man weiter das Wort ab, bis es schließlich verschwand.
So sind ganze Wortfamilien vernichtet worden, und die damit verbundenen Begriffe, wenn sie selbst fortdauerten, schlossen sich an
andere sinnverwandte Worte an. Worte wie knife, to write zeigen
uns den Umfang des Lautverlustes in neueren Sprachen; in août
hat sich aus Augustus der Aussprache nach ein einziger Laut erhalten, und die Schrift, welche das Ueberkommene immer treuer
überliefert, thut dennoch das Ihrige, um sich mit der Zeit des über-
flüssigen Ballastes nicht ausgesprochener Laute zu entledigen; sollte
auch dieser eine Laut in der Aussprache schwinden, so kann auch
das Wort nicht mehr bestehen, es geht selbst in der Schrift verloren
und es bleibt ihm nur die Hoffnung, von Forschern aufgestöbert zu
werden. Manche Sprachen hatten einst sehr lautreiche Worter, durch
Abschleifung gingen jedoch die meisten ihrer Laute für die Aussprache verloren, nur die Schrift bewahrt sie noch und zeugt so
für ihren einstigen Reichthum. Ungeheuer oft folgten sich derartige
Umwälzungen in der Sprache, weshalb auch die heutigen Bestände
derselben mit denen der Vorzeit keine große Aehnlichkeit beanspruchen
können. Wären nicht die verschiedenen Mundarten und Tochter-
sprachen da, die so Vieles wahrten, was die Ursprache selbst vernichtet, würden in allen verwandten Sprachen gerade dieselben Bestandtheile der Verwandlung oder dem Aussterben preisgegeben werden, so wäre es unmöglich, sich bis zur ersten Wurzel ohne Irrthum
hinzufinden. Während die deutsche Hochsprache die Wurzel, von
welcher die Nachsilbe b a r, von welcher Bahre und Burde her-

kommen, nicht bewahrt hat, hören wir im Arnsberger Sauerlande
bören statt tragen, und jenseits des Canals hat sich to bear
für tragen erhalten. Wie leicht würden wir nun Bürde von auf=
bürden herleiten wollen, während dies Zeitwort doch entschieden ein
von seinem Hauptworte gebildetes, spätentstandenes ist, wogegen die
Mundart und die Tochtersprache das von der gebildeten Muttersprache
Verworfene sich gewahrt haben und es nun zu ihrer Erklärung bieten.
Da diese Vorgänge also von keiner allgemeinen Nothwendigkeit ge=
boten scheinen und gerade das, was der einen Sprache unmöglich
scheint, der andern angenehm ist, demnach hier hinausgeworfen und
dort gewahrt wird, so steht es dem Forscher frei, wenn er hier die
Spur verliert, auf eine verwandte Sprache zu blicken, die die
Kette der lautlichen Entwicklung ihm bis zum Ursprunge zu ver=
folgen ermöglicht. Durch diese Möglichkeit wurde der Willkür,
mit der man früher das Entlegendste mit einander in Beziehung
zu bringen suchte, ein Ziel gesetzt, man konnte nicht mehr am schein=
bar Aehnlichen begrifflich so lange herumdrehen, bis endlich ein Ver=
hältniß gefunden war; doch ist ein solches Verfahren den Forschern
nicht zum Vorwurfe zu machen, es liegt in dem unsichern Grund=
bestandtheile der Sprache und der Wurzeln. Fand man im hebrä=
ischen Thätigkeitsworte drei Wurzelbuchstaben und hoffte so mit ihnen
rechnen zu können, so zeigt die vergleichende Sprachforschung, daß
diese Dreizahl erst zufolge einer Ausgleichung sich festgesetzt habe,
daß einst fünfbuchstabige Stämme durch Verlust und Ersatz endlich
eine solche Gestalt angenommen haben. Auch wird es dem auf=
merksamen Beobachter nicht entgehen, daß einzelne Laute, wie sie in den
verschiedensten Wurzeln sehr verschiedenartig vereint auftreten, immer
mit gewissen Begriffen, z. B. des Ritzens und Bröckelns, Abstreifens
oder Schmierens verbunden scheinen, so daß man in ihnen selbst
etwas Wurzelartiges zu finden glaubt, und auch diese Bestandtheile
wechseln und schwinden. Wenn psaúo im Griechischen berühren
heißt, psállo raufen, psēphos den kleinen Stein, psámathos Sand bezeichnet, psōmòs selbst Brocken von Speisen,
alsdann in ksýo schaben, ksyròn Scheermesser ein K=laut statt
des harten Lippenbuchstaben eintritt, selbst im Deutschen Schale,
scheeren, schinden, Scherben aus ähnlichen Begriffen gebildet
scheinen, so müssen wir uns in jenen griechischen Worten ursprüng=
lich das s am Anfange denken. Eben dieser Laut muß aber den

Urbegriff des Wühlens und Schabens enthalten haben, der all diesen Worten anhängt. Wenn dieses s nun schwindet und schon vorher das k oder p in andere Laute verwandelt hat, so können wir schließlich aus glápho grápho entstehen lassen, dessen Urform sich im lateinischen scribo viel reiner erhalten hat und in unserm schreiben (in Westphalen s=chreiben) fortdauert.

Was bewog nun die Sprache, in jenem urweltlichen Zustande der Armuth sich ihrer kärglichen Mittel zu entledigen? Solche Vor= gänge, weit entfernt, auf eine vorausgehende Absicht oder auf eine Nothwendigkeit hinzudeuten, stellen sich vielmehr als sehr zweckwidrig dar, sie begleiten die Entwickelung der Sprache geradezu bis zur Verarmung mancher Mundarten; das kann schwerlich auf einen beabsichtigten Zweck bezogen werden, zumal sich andererseits wieder Worte völlig gleicher Gestalt und völlig verschiedener Bedeutungen finden, die den Sprachforscher ganz daran müssen verzweifeln lassen, durch die Gleichheit oder Verschiedenheit der Laute zur Erkenntniß einer Bedeutungslehre gelangen zu können.

Wenn ein Selbstlaut, einst hell und lang, in gewissen Ver= bindungen mit der Zeit dumpfer und schwächer wird, schließlich so= gar mit den ihn umgebenden Mitlautern in eins verschmilzt, so scheint das in dem Umstande seine Begründung zu finden, daß früher der Ton auf dem betreffenden Selbstlauter ruhte, daß derselbe dann auf eine vorhergehende Silbe zurücktritt; so kann man am zurück= geworfenen Tone und am kürzeren Selbstlauter stets die jüngeren Gestalten eines Wortes erkennen. Darum läßt sich kaum lip als ursprünglicher Stamm des Wortes leipo ich verlasse annehmen, als wäre letzteres durch Dehnung jenes i=lautes entstanden, vielmehr trat im Aorist der Ton auf die Vorsilbe, so daß das ei seine Kraft verlor, sich zu i abschleifte und es zulassen mußte, daß aus leipo sich élipon bildete, aus feúgo fliehen entstand éfygon ich floh. Während oída, ich weiß, habe erkannt, noch den Doppellaut hat, bringt die Abbeugung ídmen wir wissen, eben weil in der Vergangenheit der Ton auf der verdoppelten Anfangssilbe ruht und bei Ansetzung von Endungen, durch welche die Form viersilbig wird, auf die drittletzte treten muß, so daß aus pépoitha, in der Mehr= zahl pepoíthamen wird. Diese Tonverschiebung wurde wiederum dadurch verursacht, daß früher selbständige Worte sich zu Ganzen vereinigten, sie drängten sich als Mitlauter immer fester um den

2

Selbstlaut, die neue Vorsilbe riß den Ton an sich und beraubte
die folgenden Worttheile ihrer Herrschaft und Kraft. So muß das
hebräische naphal fallen, sobald in der Zukunft das persönliche
Fürwort davortritt, sein n einbüßen, und es wird zuerst aus enaphal
enpol, was schließlich zu epol zusammenschmilzt. Nathan geben
muß in der Vergangenheit sein Schluß-n und in der Zukunft sein
erstes abgeben, so daß nathathi ich habe gegeben, ethen ich werde
geben heißt. Bisherige Sätze verdichteten sich zu einzelnen Worten,
wobei natürlich das Meiste schwinden mußte. Das hebräische be-
charthanu Du hast uns erkoren besteht aus den Worten bachar-
atha othanu. Eine spätere Entwickelung that nun wiederum das
ihrige, um solche Massenworte in ihre Einzelheiten zu zerlegen; man
machte dann aus einer solchen Form atha hajitha bocher othanu
Du warst ein uns Erwählender. Jenes zusammenfassende
Streben zeigen uns mehr die alten, dieses sondernde mehr die neueren
Sprachen. Ward früher zur Verstärkung eines Thätigkeitsbegriffes
eine Wurzel doppelt gesetzt, so wurden beide mit der Zeit zu einem
Worte, an dem allein eine Silbe verdoppelt schien, weil eins der
Worte seine weitern Bestandtheile bereits eingebüßt hatte. Bald
wandelte nun der Selbstlaut sich um, dann der Mitlauter, endlich
fällt der Anlaut selbst der Vernichtung anheim oder wird durch
etwas anderes ersetzt. Wenn die erste Beugungsart des hebräischen
Zeitwortes schabar zerbrechen bedeutet, so wird in der dritten
Art schibber zertrümmern daraus, und zwar scheint dieselbe
aus einer früheren Verdoppelung, etwa schabar-schabar hervorgegangen, später wurde schabarbar daraus, bis endlich aus scha-
babar schaber mit bloßer Verdoppelung des mittleren Lautes her-
vorgieng, bis die Schrift endlich das eine b ausstieß und es durch
ein Pünktchen im zurückgebliebenen zu ersetzen suchte. Es bestehen
noch Worte wie chamarmar, und aus ûr erwachen wird in
der angeführten dritten Beugungsart ôrar. Weisen nun nach
solchen Untersuchungen viele einander gestaltlich fremd scheinende
Worte auf ein einziges als Ursprung zurück, dann kann der Forscher
sicher sein, das Gebiet der Wurzeln erreicht zu haben. Nun scheint
hier auf den ersten Blick die Untersuchung stille zu stehen, da eine
Herleitung der Wurzeln aus einander sie uns nicht mehr als Wurzeln,
sondern als abgeleitet gelten lassen würde. Freilich, wenn ein jeder
Begriff hier nothwendig in einer Wurzel ruhte, eine einzigmög-

liche Lautverbindung für sich in Anspruch nähme, so daß man mit
Bestimmtheit behaupten könnte: Hier ist die wahrhaft erste sprach=
liche Erscheinung dieses Begriffes zu suchen! Wir sehen uns aber
von Neuem der Ungewißheit ausgesetzt, denn die Sprache verfährt
bei so geringen Mitteln in deren Vertheilung durchaus nicht mit
zweckmäßiger weiser Sparsamkeit, sondern sie theilt einem Begriffe
mehrere verschiedenlautende Wurzeln zu, dagegen legt sie wiederum
gleichlautenden Wurzeln verschiedene Begriffe unter. Die Verwandt=
schaft der Wurzeln ist schwer erweislich, da der Laut, das einzige
Hilfsmittel des Forschers, hier ganz aufhört, entscheidend auf die
Bedeutung der Worte zu wirken, und völlig gleichgültig scheint, so
daß, je näher wir der Quelle rücken, um so mehr Begriffe durch
einen Laut ausgedrückt werden können, bis schließlich jedem Laute
jeder Begriff zu Grunde liegen kann. Sind nun gewisse Wurzeln
in Laut und Begriff einander ähnlich, so weisen sie entschieden auf
einen gemeinsamen Ursprung zurück. So würden schließlich nicht
einmal die Wurzeln als eisernes Gut der Sprache zu bezeichnen sein,
sondern es muß ursprünglich eine viel geringere Anzahl derselben
gegeben haben, und sie müssen sich stetig verringern, je weiter es dem
Forscher vergönnt ist, ihrem Urquell zuzuschreiten.

Dabei kommt Lazarus Geiger zu dem überraschenden Ergebniß,
daß die Sprache nicht immer im Besitze all ihrer jetzigen Lautmittel
gewesen ist, daß vielmehr in ihnen selbst ältere und jüngere Bestand=
theile sich unterscheiden lassen. Diejenigen, die zu Beugungen der
Stammworte benutzt werden, sind älter als solche Laute, die bei
einer derartigen Vervielfachung der Begriffe nicht herangezogen werden.
Und zwar sind diese Beugungslaute bei allen Völkern merkwürdiger=
weise dieselben, selbst da, wo von einer Entlehnung keine Rede
sein kann. Wir nennen diese Laute, l, m, n, r, s, die fließenden,
weil sie sich leichter an die verschiedenen Wortbestandtheile anschließen
und sich leichter davon entfernen lassen: das r schließt sich sonder=
barerweise an sie an, wogegen andere Selbstlauter weniger benutzt
werden. Mit den ganz gleichen Mitteln gehen also bei den meisten
Völkern diese Vorgänge von Statten, durch welche die Sprache
einen Begriff in den verschiedensten Beziehungen darzustellen fähig
ist. Das läßt sich nur dadurch erklären, daß die verschiedenen Laute
in allen Sprachen in gleicher Reihenfolge sich entwickeln mußten.
Es wäre deßhalb höchst schwierig, nachzuweisen, wie viele Laute ein

Sprachstamm eigentlich besitzt. Selbst die Schrift gibt davon nur
ein wenig erschöpfendes Bild; ist doch ein einziges Schriftzeichen
Vertreter so unendlich vieler Laute, die in der Aussprache sich merk=
lich von einander unterscheiden und nur ihrer Aehnlichkeit wegen
mit einem Zeichen geschrieben werden. Wie den Wurzeln, so muß
es nothwendig auch deren Bestandtheilen, den Lauten, gehen, je
weiter wir zurückgehen, desto ärmer muß die Sprache daran werden,
bis man schließlich den Urlaut entdeckt und in ihm zugleich das
sprachliche Gewand des ersten Begriffes erkennt.

Will man für diese so tiefgehenden Vorgänge der Neubildung
und Vernichtung eine Erklärung suchen, so lassen sich die bereichern=
den Ansätze nur dadurch begründen, daß das Wort in seiner ur=
sprünglichen Gestalt den Menschen nicht befriedigte, es drängte ihn
heraus aus der ausdruckslosen Einsilbigkeit, es treibt die Worte zu
neuen Ansätzen, wie z. B. zu der oben behandelten Verdoppelung,
dem ältesten Beugungsversuche. Nun wird es wohl häufig sich er=
eignen, daß bei der weiteren Entwickelung der Wurzeln, die sich
zu lautlich erweiterten Begriffskreisen ausdehnen, ähnliche Laute an=
einanderstoßen; durch Gleichheit der Bewegung tritt nun für die
Sprachwerkzeuge Uebersättigung und Ermüdung ein, Erholung kann
nur dadurch erstrebt werden, daß man die Laute einander unähnlich
werden läßt und so statt eines einzigen zwei verschiedene Werkzeuge
beschäftigt. Oder es tritt der entgegengesetzte Fall ein, zwei einander
zu ungleiche Laute sollen sich in schnellster Bewegung folgen, die
aber, weil auf verschiedene Sprachwerkzeuge vertheilt, in ihrem Fluge
nothwendig gehemmt wird; hier wird nun wieder eine Anähn=
lichung vor sich gehen müssen, um dem Verlangen nach ungehemmter
Bewegung zu genügen. Bei typto schlagen mußte die leidende
Vergangenheit tetyphmai ich bin geschlagen worden heißen,
der bewegliche Grieche machte tetymmai draus, und der Leipziger
verwandelte aus dem gleichen Grunde haben in hamm; aus ab=
bitten wird in der Aussprache dagegen unbedingt apbitten werden.
Freilich wird in dem einen Falle das Ungleiche sich nicht ganz ähn=
lich, im andern das sich Aehnliche nicht völlig sich ungleich werden,
sondern das Eine wird sich den Eigenthümlichkeiten des Andern in
etwas fügen, sich ihm nähern, ohne die eigene Art ganz aufzugeben;
es wird in beiden Fällen also mehr eine Ausgleichung sein, als
eine völlige Neubildung. Solchen Bedürfnissen und Anregungen

sind so viele Sprachmittel zum Opfer gefallen, das Hemmende
ward fortgeworfen, die Entwickelung klammerte sich mit Vorliebe
an neue Laute als bezeichnend an. Wie es der Denker in allem
Bestehenden sich abspielen sieht, so geht es auch mit dem Körper
der Sprache; er zeigt uns ein stetes Werden und Vergehen oder
vielmehr den allmähligen Anschluß des verwandten Neuen an das
Alte, das seinerseits ebenfalls unmerklich schwindet.

Vernichtung und Geburt von Begriffen.

Ist es dem Forscher durch solches Verfahren nun möglich geworden, bis zum Urlaute vorzudringen, so wird er zur Ueberzeugung gelangt sein, daß bestimmte Begriffe keineswegs bestimmte Laute erfordern, daß zwischen Wortkörper und Bedeutung kein Verhältniß der Nothwendigkeit besteht, sondern durch jeden Laut jeder Begriff zum Ausdruck kommen kann. Wir haben die Gesetze genugsam betrachtet, die dem Lautwandel zu Grunde liegen, um daraus nicht zu erkennen, daß die Veränderungen des Wortkörpers durchaus nicht mit Bewußtsein zum Zwecke neuer Begriffsschöpfungen vor sich gingen; vielmehr sind die später hervorgegangenen Wortformen erst nachträglich dazu benutzt worden, neuen Anschauungen zum Ausdrucke zu dienen. Selbst die Beugungen eines Wurzelwortes sind nicht zum Zwecke schärferer Bestimmung geschaffen worden, da eine Sprache auch ohne dieselbe denkbar ist.

Das Hilfszeitwort, bei uns ein unentbehrlichscheinendes Verbindungsmittel zwischen Gegenstand und Aussage, kannte einst die Sprache nicht. Geiger zeigt uns, wie das hiezu verwandte chinesische Wort einst gehen, darum auch hervorgehen, keimen, davon abgeleitet jung, Jüngling bedeutete, es ward zum hinweisenden Fürwort, bis es als eine Art Besitzfall zur Verbindung des Gegenstandes mit der Eigenschaft, die das Urtheil davon aussagte, benutzt wurde; wie ja auch im Hebräischen der Sinn der Weisheit so viel heißt wie weiser Sinn.

So bestand das Urtheil einst ohne alle satzlichen Bindemittel und war und blieb dennoch Urtheil, wenn auch manche gedachten Beziehungen des Gegensatzes oder der Verknüpfung des ursachlichen Zusammenhanges nicht ausgedrückt werden konnten. Solchen An= schauungen gemäß wird selbst die Beugung entbehrlich. Die Mög= lichkeit von Mißverständnissen fürchtet die Sprache nicht, um etwa plangemäß die Begriffe durch Anhänge= oder Vorsilben begrenzen zu wollen; Mißverständnisse treten überhaupt im entwickeltsten Zustande der Sprache noch hervor, und das „aio te Aeacida Romanos vincere posse" ist gerade durch die satzlich so reiche und wohlgeord= nete Gliederung der lateinischen Sprache möglich geworden, während wir, wo es uns der Zusammenhang nicht sagt, oft im Zweifel sein müssen, ob die Mutter das Kind oder das Kind die Mutter liebt? Grade indem die neuzeitlichen Sprachen die lautlichen Unter= schiede zwischen den Beugungsfällen zerstört haben, haben sie das Ver= ständniß oft erschwert, demnach kann keineswegs der Wunsch, sich ver= ständlicher zu machen, die äußeren abbeugenden Umwandlungen der Stammworte hervorgebracht haben. Diese Schwierigkeiten bieten wohl vorkommenden Falls die äußere Veranlassung dazu, daß der nach Verständigung strebende Mensch einen gewissen Sonderlaut, der aber schon vorher vorhanden ist, zum schärferen Ausdruck des von ihm Gedachten benutzt, und der Sprachgebrauch entschied sich dafür, die hier aufgetauchten Beziehungen jedesmal mit dem neuentdeckten Sonderungsmittel zu bezeichnen. Aber auch ohnedies blieb die Sprache Sprache, d. h. zureichendes Gewand der gedanklichen Ver= bindung. Ursprünglich war eben ein Gegensatz zwischen Sprecher und Hörer gar nicht vorhanden; da Alles außerhalb des Sprach= gebiets lag, was beide nicht in einem Augenblicke mit einander erlebt hatten, so genügten ihnen die einfachsten Bestandtheile der Sprache. Was außerhalb der Erfahrung lag, blieb auch außerhalb der sprach= lichen Mittheilung; wie hätte die Sprache nun nach Verdeutlichung des Unbekannten streben sollen? So stellt auch der Dichter oft, ohne den tieferen Grund zu kennen, den erregten Menschen, — und durch seine Erregung steht dieser dem Urmenschen in etwas näher, — oder den der grauesten Vorzeit Angehörigen mit einer Sprach= weise begabt dar, die das Dunkle, Bilderreiche, dem Mißverständnisse

leicht Ausgesetzte liebt; dorthin führte uns Klopstock, als es galt,
zu den wahren Quellen der Dichtung zurückzukehren; er sah in der
verstandesmäßigen Richtung seiner Zeit nur die öbeste Nüchternheit
verkörpert, denn man beachtete ängstlich alle Regeln des Satzbaues,
kein wenn und aber durfte fehlen, und man sprach, um sich nur
verständlicher zu machen, ganz nackt den tiefsten Inhalt aus; unser
Dichter aber verwarf mit Kühnheit alle die Gesetze, nach seinem
eigenen Gefühle hören wir ihn in vieldeutigen und dunkeln Worten,
in verschlungenen Satzgefügen, selbst losgelöst vom Zwange des
Versmaßes reden. Alle unsere vernunftgemäßen Verständigungsworte
werden gerade der Dichtung gern ferngehalten, denn sie gelten für kalt.

Leugnet man mit Geiger nun die Nothwendigkeit der satzlichen
Verbindungsmittel, so wird man auch darin leicht mit ihm überein-
stimmen, daß kein sprachlicher Zustand der Urtheilsbildung vorangegangen sein kann. Wir sind gewöhnt, so ohne weiteres für richtig
anzunehmen, daß sich aus der Anschauung der Begriff und aus dem
Begriffe erst das Urtheil gebildet habe, dann muß man aber vergessen, daß in diesen Unterscheidungen sich der Einfluß unserer jetzigen,
hochausgebildeten, vielgegliederten Sprachweise kundthut, die jedoch
erweislich nicht von immerher bestand. Wir finden wohl in unserer heutigen Sprachlehre Gliederungen von Haupt- und Neben-
sätzen, von Gegenstand, Eigenschaft, Aussage, von Zeit- und Raum-
bestimmung; doch sind diese so keineswegs das einzig nothwendige
Kleid unseres Urtheils, vielmehr sehen wir bei vernunftmäßiger Prüfung wie das Satzgefüge sehr willkürlich geordnet ist. Oft bestimmen
Rücksichten des sprachlichen Wohlklangs die Wortfolge, so daß der
Hauptsatz mit dem gleichen Rechte Nebensatz werden könnte, und
umgekehrt. Fällt uns einer jener reichgegliederten Sätze eines römischen Schriftstellers, die dem Schüler so viele Mühe machen, in's
Auge, so wissen wir, daß der Uebersetzer die Pflicht hat, jene Ein-
schachtelungen unserer einfacheren Sprachweise näherzuführen; heutzutage hat eine Schreibart unter den Unterhaltungsschriftstellern Platz
gegriffen, wo wiederum Alles Hauptsatz ist, so daß die zudringliche
Kürze jedes als selbstständig sich aufdrängenden Sätzchens fast wider-
lich wird. Die semitischen Völker kannten nur eine beigeordnete
Satzfolge von großer Einfachheit, und selten macht sich der Ansatz
zu irgend einem Nebensatze bemerkbar.

Diese verschiedenen Gefüge sind daher wohl kaum gerade in

dieser Gestalt nothwendige Gebilde der folgernden Vernunft, da
sich jeder Gedanke tausendfältig aussprechen läßt. Vielmehr ist die
satzliche Verbindung entstanden, indem die Sprache, die noch keine
scharferkennbare Scheidung von Worten kannte, nur etwa einen her=
vorhebenden Ton inmitten von Begriffsschaaren hatte, in forteilendem
Fluge ursprüngliche Sätze zu Satztheilen herabsinken ließ, aus oben
bereits angegebenen lautlichen Gründen eine Masse selbständiger
Begriffe zu einem Worte zusammenzog, den Ton verlegte, aber all
das ohne Beziehung auf den Begriff. Jene Für= und Bindewörter,
die uns in einem einzigen Laute neue Verhältnisse für ganze Satz=
folgen aufdecken, waren ursprünglich selbständige Zeitwörter und
hatten einen sehr anschaulichen Begriff, bevor sie ihrem jetzigen Zwecke
dienten. So geht es noch vielen uns entbehrlich scheinenden Mitteln
der höhern Verknüpfung und des geistigen Gegensatzes, sie stellen
sich, wenn ihre Entwickelung rückwärts verfolgt wird, als sinnliche
Begriffe dar. Das hebräische ál über kommt von álah empor=
steigen, es kann auch weil bedeuten; der in dem Laute b sich
ausdrückende Begriff in mit all seinen unzähligen Bedeutungen läßt
sich auf beth Haus, ba kommen, hineingehen zurückführen;
chuz außer (soviel wie ausgenommen), auch außerhalb,
hat in chazaz schneiden seinen Ursprung; lewath im Chaldä=
ischen zu, kommt von lawah anschließen, und der l=Laut, der
im Hebräischen dasselbe bezeichnet, ist eine Abschleifung des Wortes.
Er kam, schloß sich seinem Freunde an, sie gingen,
bestiegen das Dach wurde dann: Er kam zu seinem Freunde,
sie stiegen auf das Dach. Das Hilfszeitwort Sein, für uns ein
unentbehrliches Bindemittel, hängt mit Kommen, Werden zu=
sammen und ist daraus hervorgegangen, es konnte zum Fürwort
werden und so immer mehr als bloßes Anhängsel des Wortes seine
Selbständigkeit verlieren. Aus atha kommen mag eth chaldäisch
jath den, die, das stammen; isch Mann, jesch es ist, sind
sicher nicht fremd. Die Fürwörter wurden, wie die Verhältniß=
wörter, schließlich zu bloßen Vor= und Endsilben, zu Mitteln
der Wortveränderung. Unsere Zeit sucht diese Wortgefüge, soweit
sie eine kunstreiche Beugung nothwendig machen, wieder zu zerreißen,
dem Fürwort und verbindenden Hilfszeitwort wieder zu ihrem Rechte
zu verhelfen; es gibt für die neuen Sprachen keine scharf sich son=
dernden Fälle des Hauptwortes, am Thätigkeitswort kaum eine

lautlich sich abhebende Bestimmung des Zeitlichen — all das wird
durch Umschreibung ersetzt. Aus dem lateinischen habeo proposi-
tum, persuasum, was das dauernd Vollendete anzeigt, bildet sich
in der Volkssprache eine Vergangenheit, um proposui, persuasi zu
ersetzen und schließlich den Endungen avi, ui, i und ivi tödtlich zu
werden. Da das lateinische Zeitwort in der Leideform das sum
so viel anwendet, so war das Volk für solche Umschreibungen nicht
ganz ohne Vorbild, und das habeo ist in solcher Bedeutung in die
romanischen und germanischen Sprachen übergegangen; avoir und
être lassen eine scharfgezeichnete Gestaltung der Zeitwortformen nicht
zu, in der Sprache Albions drängt sich eine immer größere Masse
von Hilfszeitwörtern hinzu, um die Gliederung der Formen zu zer=
stören. Die späthebräische Sprache des zweiten Tempels hat aus
halách er ging hu hajah holech er war ein Gehender ge=
macht, und das Mittelwort beherrscht schließlich mit dem Hilfszeitworte
alle Verhältnisse. Dibre Hillel die Worte des Hillel wurden
zu debarow schel Hillel dem Hillel seine Worte, ganz wie
unsere Volkssprache es sich gestattet. Aehnlich ergeht es dem Haupt=
worte. In den alten Sprachen ist es von einer herrlichen Mannig=
faltigkeit, während die de, à, of, to alle die Endungen vernichten.
Diese rückgängige Bewegung, der doch erweislich keine Aenderung
der Urtheilsthätigkeit zu Grunde liegt, läßt auf eine begrifflich eben
so grundlose entgegengesetzte in der Urzeit schließen. Lösen wir dem=
gemäß einen Satz auf, so zerfällt er keineswegs in Satztheile, sondern
in Worte, die, wenn man ihre Entwickelung weiter verfolgt, einst
selbständige Urtheile waren; kommen wir bis zur Wurzel zurück
und sehen dieselbe in ihre Bestandtheile sich zersetzen, so kann der
Begriff, den diese umfaßten, nur ein zureichender sein, also auch
wiederum ein Urtheil selbständigster Art. So weit wir den mensch=
lichen Geist von auch nur einem Sprachlaute getragen sehen, kann
sich das Denken nicht in ein Nichtdenken auflösen, das Urtheil nicht
in ein Nichturtheil; werden wir durch ein Wort — und etwas
geringeres, als Wort, war die Sprache nie — auch nur dazu
angeregt, an einen Gegenstand, einen Eindruck der Außenwelt uns
ganz und voll zu erinnern, so haben wir geurtheilt.

Wollen wir nun daran gehen, die Entwickelung des einen Be=
griffes aus dem andern zu verfolgen, so ist es nicht genügend, wenn
wir blos den verwandten Wortgestalten nachgehen; nicht stets

entwickelt sich der gleiche Begriff aus einem Ausdrucke, der dem
seinigen lautverwandt war, vielmehr wirkt hier Zufall und Sprach=
gebrauch oft in seltsamster Weise. Wie wir auch immer über das
Verhältniß des Lautwandels zum Begriffswandel denken, oder über
die Beziehungen des lautlich Verwandten zum begrifflich Aehnlichen,
— sicher ist es nach Geigers Ansicht, daß ein gewisser Begriff, bei
welchem Volke es auch immer sei, nur aus einem gewissen Begriffe
erzeugt werden könne und aus keinem andern. Hier hört die Will=
kür auf, die wir beim Lautwandel bemerkt haben, hier kann nicht
Alles an Allem sich entwickeln, weßhalb sich darin alle Völker zum
Erstaunen gleich sind. Hört auf diesem Gebiete einmal die Mög=
lichkeit auf, einen Begriff weiter zurück zu verfolgen, indem durch
Vernichtung der Worte die verbindenden Glieder fehlen, so erlaubt
die vergleichende Sprachforschung, das betreffende Glied in einem
fremden Sprachstamme aufzusuchen; somit ist hier dem Forscher
ein weiterer Spielraum geboten, als bei den Untersuchungen über
den Lautwandel, wo nur verwandte Sprachen für maßgebend gelten.

Zu solchem Verfahren zwingt den Forscher der Umstand, daß,
entsprechend der oben berührten Vernichtung der Lautmittel und
durch sie vieler Wörter, auch auf dem Gebiete der Begriffe ein
Aussterben stattfindet. Mit einem solchen Vorgange, dem ganze
Begriffsgeschlechter, nachdem sie neuen Nachwuchs hervorgebracht
haben, zum Opfer fallen, geht eben jedes Werden Hand in Hand.
So sehr diese Erscheinungen bezüglich des Lautlichen in den ver=
schiedenen Sprachen zum Glücke der Sprachforschung von einander
abweichen, so sehr stimmen sie hinsichtlich des Begrifflichen überein;
die Gegenstände der Vernichtung sind hier überall denselben An=
schauungskreisen angehörig.

Wenn wir nun diese Vorgänge unter der Leitung Geiger's
genauer betrachten, so muß vorher ein Hauptirrthum beseitigt werden.
Wie nahe läge uns nicht der Gedanke, es wären die Sprachen in
ihren früheren Zuständen arm an Worten und Begriffen gewesen;
was uns dagegen von den Sprachen der rohen Völker im innern
Afrika, den Südseeinseln oder von den Australnegern berichtet wird,
zeigt uns dort vielmehr einen Ueberreichthum an Wortformen, und
eine uns überflüssig scheinende kleinliche Bestimmung eines jeden
Begriffes. In einem einzigen Worte ist es durch vielfache Beug=
ung jenen Völkern möglich, die Thätigkeit, das Ziel derselben, den

Bewirkenden, die Art und Weise in zeitlicher und räumlicher Hin=
sicht auszudrücken.   Sie bilden nicht nur Einzahl, Paarzahl und
Mehrzahl eines jeden Dinges oder Zeitwortes, sondern auch Drei=
zahl und Vierzahl.   Wir können uns womöglich keine Sprache ohne
geschlechtliche Eintheilung der Haupt= und Vertretungswörter denken;
es wird uns gewiß eigenthümlich berühren, wenn wir zum ersten
Male hören, daß selbst in dieser Hinsicht die Sprache der Verwand=
lung Raum giebt, indem bei jenen Völkern durch die Ansätze der
verschiedenen Formen Lebendes und Lebloses unterschieden wird.
Bei den Kaffern besteht sogar eine Eintheilung in achtzehn Wort=
klassen, die nach sehr äußerlichen, für uns sehr schwer unterscheidbaren
Kennzeichen geordnet sind.   Dabei ist keineswegs die strengsichtende
Vernunft, sondern meist die Einbildungskraft thätig.   Oft wird
ein zu winziges Thier zu den leblosen Dingen gerechnet, dagegen
eine bestimmte Pflanze, die Himmelskörper, das Wasser, das euro=
päische Schießgewehr im Gegensatze zum Bogen werden als lebende
Wesen angesehen.   Es ist gerade diese Eintheilung höchst bezeichnend
für das Empfinden und den Gedankengang des Urmenschen, den,
in seinem dunkeln Streben, das Spiegelbild oder den Gegensatz
seines eigenen Wesens überall zu suchen, hauptsächlich ein Grübeln
über die unterscheidenden Merkmale von Lebendem und Leblosem erfüllt.
Wir hätten sogar in unserer Geschlechtseintheilung nur eine
weitere Entwickelung jener ursprünglichen Verhältnisse zu suchen.
Einst sah man gewiß in echt kindlicher Weise alles Bestehende für
lebendig an, bis man später nur seinesgleichen dafür erkannte und
in dieser Beziehung sogar das Weib begrifflich vom Manne schied,
indem er für ein selbständig strebendes Wesen angesehen wurde,
während das Weib als Sache galt.   Deßhalb hat im Hebräischen,
das nur zwei Geschlechter kennt, das Weibliche, besonders im Für=
worte, oft eine zum Sachlichen hinneigende Bedeutung. hi heißt
sie, die Frau, und es, in dem unpersönlichen Sinne von es
ist gut; eben so sôth, für diese und dieses gebraucht.   Erst
später stellte die Sprache den Unterschied zwischen Mann und Weib
auch in der Thierwelt dar, dann bot sich als drittes Geschlecht für
leblose Dinge dasjenige dar, was bei uns mit Recht sächlich ge=
nannt wird, aber in vielen Sprachen fehlt.   Das Englische, als eine
der jüngsten germanischen Abzweigungen, zeigt uns wirklich wieder
die Urverhältnisse, indem es einen Unterschied der Geschlechter nicht

kennt, dagegen das Lebende von dem Unbelebten durch verschiedenen
Gebrauch der Fürwörter sondert, und dennoch hat die Sprache da=
durch an Klarheit durchaus nichts eingebüßt. Dies Alles dient
Geiger zum Beweise, daß auch in unseren Sprachen jene ursprüng=
liche Theilung zwischen Lebendem und Leblosem einst vorhanden
gewesen, nun geschwunden ist und einer andern durchaus nicht noth=
wendigeren, Platz gemacht hat, die, wie uns die englische Sprache
zeigt, durchaus nicht die Bürgschaft ewiger Dauer in sich trägt;
vielmehr kann unser der, die, das, was sich im Französischen be=
reits zu le, la vermindert hat, dereinst einem einzigen bevorzugten
Geschlechtsworte weichen, und Verhältnißwörter wie von und zu
möchten der Mannigfaltigkeit der Beugungsfälle noch das wenige
Unterscheidende rauben, was ihnen die neuere Sprachentwicklung
gelassen hat. Schon beginnt die Verschiebung dieser Verhältnisse
in der Volkssprache und das Buch von dem Kinde entspricht
bereits dem Französischen de l'enfant vollkommen.

Eine Eigenthümlichkeit der ältesten Sprache war es, daß man,
so fremdartig es uns scheint, sich genöthigt sah, neben der Mehr=
zahl eine besondere Form für die Zusammenfassung zweier gleich=
artiger Gegenstände festzuhalten. Es ist dies die Paarzahl, die uns
das Griechische, freilich mehr in der Sprachlehre als im Leben, an
Zeit= und Hauptwort zeigt, das Gothische hat sie im Zeitwort, das
Hebräische nur im Hauptworte gewahrt, aber das griechische ándre
zwei Männer, typteton, ihr Beide schlagt, wenn diese
Sprache die Paarzahl auch fast durchgehends behauptet, das hebräische
jadajim die beiden Hände, paámajim die beiden Male,
die lateinischen duo und ambo nehmen sich immerhin trümmerhaft
aus und verschwinden in den mittelalterlichen Mundarten ganz.
Sollte ein Streben nach mannigfaltiger Schönheit die Sprache
dazu geleitet haben, zwei Dinge anders sprachlich zusammenzu=
fassen als mehrere? Wo sich mundartliche Schönheit findet, wird
sie immer nur geworden, nie gewollt sein. Nur in geschicht=
licher Weise läßt sich diese Frage beantworten, indem man nach
Geiger's Art diesen Umstand, wie alles andere, für nothwendige
Entwickelung ansieht. Der Mensch in dem Bedürfnisse, mehrere
gleichartige Gegenstände zusammenzufassen, bringt es in zaghaftem
Versuche zuerst zur Bestimmung der Paarzahl, wozu ihm vielleicht
die an ihm selbst paarweise erscheinenden Glieder die erste Veran-

lassung gegeben haben mögen. Erst später erhebt er sich zum Begriffe der weiteren Mehrzahl, die eine kräftigere Schwinge für die Bezeichnung wird. Die Sprache klammert sich an das neugewonnene Ausdrucksmittel, die Paarzahl hat als Erzeugerin der Mehrzahl ihre sprachentwickelnde Sendung erfüllt und fällt dem weitern Fortschritte zum Opfer. Es ist nicht zufällig, daß biblō die beiden Bücher, bibloi die Bücher, bibloin der beiden Bücher, biblōn der Bücher heißt; so wird aus a, ain, den Endungen der Paarzahl in der sogenannten ersten Deklination in der Mehrzahl ai, im zweiten Falle ōn; in der dritten Deklination hat die Paarzahl e, oin, die Mehrzahl es, ōn; aus titheton ihr Beide setzt, wird tithete ihr setzt; das Gleiche zeigt sich im Hebräischen: raglajim sind die beiden Füße, sepharim die Bücher, so daß die Paarzahl auf ajim, die Mehrzahl auf im endet. Man erkennt sofort die durchgehende Verwandtschaft dieser Verhältnisse. Ueberall aber steht die Mehrzahl vollkommener und kräftiger da, als die Zweizahl. In der griechischen Deklination hat letztere entweder ihre Beugungsfälle bis auf zwei Endungen eingebüßt, oder nie mehr besessen, während die Mehrzahl Reicheres und Mannigfaltigeres bietet. Im Zeitworte beginnt die Verkümmerung der Zweizahl auch schon, denn in der thätigen Form fehlt ihre erste Person, agapōmen hieß sowohl wir Beide lieben, als wir lieben, und agapāton bedeutet ihr Beide liebt, wie sie beide lieben; in der Vergangenheit (mit Ausnahme der Perfektsform) besteht der Unterschied zwischen ihr und sie in den Endungen ton und tēn noch, in der leidenden und rückbezüglichen Gestalt des Zeitworts hat sich dagegen auch die erste Person der Zweizahl in methon erhalten, während die Mehrzahl metha hat. So ist es ersichtlich, daß von der Mehrheit der Paarzahl ihr Platz abgedrungen worden ist, daß die ehrwürdige Erzeugerin vor der anmaßenden Tochter immer mehr zurücktritt, nachdem sie ihr die Lautmittel zum Entstehen geboten hat. Will sie sich noch nothdürftig erhalten, so muß sie sich damit begnügen, das bloß paarweise Vorhandene zu bezeichnen. Im Hebräischen erkennt man an der bloßen Endung ajim, daß man einen zu verdoppelnden Gegenstand vor sich hat, so daß enajim die beiden Augen, mathajim (von meah hundert) zweihundert bedeutet, wogegen bei einer Mehrzahl die Endung ajim nicht mehr gebräuchlich ist, und bei majim, Wasser und schamajim, Himmel man

ebenfalls sich ursprünglich eine Zweizahl vorgestellt haben muß.
Die einstige Herrschaft muß die Zweizahl der auch lautlich aus ihr
hervorgegangenen Mehrzahl unwiderruflich überlassen.

In der Paarzahl sieht Geiger das Gebilde einer noch nicht
zählenden Zeit. Hätte die Sprache weiterhin diesen Zweig gepflegt
und die Anzahl der zusammenzufassenden Gegenstände durch End=
ungen bezeichnet, so wäre mit der Zeit eine Drei=, eine Vierzahl,
wie manche Sprache der Wilden sie besitzen, aber keine Mehrzahl
entstanden, und besonders zum Zählen hätte der Mensch nie Ver=
anlassung gehabt. Hieraus zeigt sich ganz klar, wie verhängnißvoll
ein übergroßer Reichthum an Wortformen der Sprache werden kann.
Sie wird dadurch nämlich auf Seitenpfade gelenkt, zu übermäßiger
Bestimmung des Nebensächlichen veranlaßt, während die wahrhafte
Entwicklung der Begriffe dadurch auf's Höchste beinträchtigt werden
kann. Besser also, die Sprache bestimmt an einem Worte nicht
zu viel, sondern läßt nach manchen Seiten hin Ungewißheit offen,
während sie sich andere Sonderungsmittel sucht.

Da, wo jedem Worte ein solcher Reichthum an zahl= und
verhältnißbestimmenden Beugungsformen zu Gebote steht, gibt es
wirklich keine Zahlen in der Weise, wie wir sie kennen, sondern
der Sprechende findet sich schon vor fünf Gegenständen außer Stande,
dieselben zahlbegrifflich auszudrücken, wie das auch in jenen wilden,
aber überreichen Sprachen der Fall ist. Bei den Melanesiern eben
finden sich mit dem Fürworte untrennbar verbunden die Zahlen
eins, zwei, drei, woran sich der unbestimmte Begriff viel
schließt; sie besaßen, bevor sie mit den Polynesiern in Verbindung
getreten, auch nur die Zahlen bis zu drei, während sie sich nun
bis zur Fünfzahl erheben mußten, oder vielmehr polynesische Zahlen
dafür annahmen. Aber dieses höherstehende Volk selbst hat für
fünf die Bezeichnung Hand, angenommen, augenscheinlich von der
Anzahl der Finger hergeleitet; wo anders bezeichnet man zwan=
zig mit ein ganzer Mensch, nämlich Hände und Füße zu=
sammengerechnet. Und selbst bei den wenigen eigentlichen Urzahlen
liegt, wenn wir dua und toru im Malaisch=polynesischen für zwei,
drei finden, die Annahme einer Entlehnung aus dem Westen nahe.
Daraus erkennen wir, daß auch die Zahlenwelt in der Sprache
nicht als ewig, sondern als entwickelt zu betrachten ist. Untersuch=
ungen auf diesem Gebiete führen zu dem Ergebnisse, daß die Zahlen

sich nirgends in grader Reihenfolge, sondern in buntscheinendem Durcheinander ausbildeten. Als äußere Veranlassung will Geiger nicht etwa die Nothwendigkeit, sondern die neugierige Betrachtung des eigenen Körpers gelten lassen. Bei den meisten amerikanischen und afrikanischen Völkern erschienen die Zahlen sechs, sieben, acht in der Gestalt von fünf und eins u. s. w. wogegen neun bei Vielen durch Abzug von Zehn entsteht; es könnte freilich eben so wohl der Fall sein, daß acht aus einer Verdoppelung von vier entstanden sei, oder aus einem Abzuge von zehn. Fünf scheint nach allem dem die grundlegende Größe gewesen zu sein, die man auf andere Dinge übertrug und zu der man im weiteren Laufe zuzählte; sodann mag durch Betrachtung aller Zehen und Finger die Zahl zwanzig entstanden sein. Wir sehen dieselbe von ihren Genossinnen sich merklich abheben, im Hebräischen heißt eser zehn, während esrim zwanzig, eine Mehrzahl von zehn darstellt; von da an und weiter bilden die Zehnzahlen Vervielfältigungen von drei und vier; eikosi im Griechischen ist etwas ganz anderes, als triákonta dreißig von treis drei; viginti hebt sich in der Endung wohl von ihren mehrwerthigen Schwestern triginta, quadraginta u. s. w. ab. Demnach ruhete die Entwickelung eine Zeit lang bei der zwanzig, bis man der Unterschiede zwischen Hand und Fuß sich mehr und mehr bewußt wurde und so die Finger im Gegensatze zu den Zehen zum Gegenstande des Zählens und zum Werkzeuge irgend welcher ergänzenden Geberdensprache machte. Damit kam die Zahl zehn empor, wurde aber noch nicht zur alleinherrschenden Grundgröße erhoben, da sich noch einige Zahlen vor und hinter ihr zu bilden hatten. Elf und zwölf, die beiden Zahlen, die in die allgemeine Gestaltung dieser Gebilde nicht zu passen scheinen, wurden durch gedächtnißmäßige Hinzufügung neue Zielpunkte zählender Thätigkeit. Dann erst wurde die Zehnzahl dauernde Grundlage, durch deren Vervielfachung mit den nunmehr ganz vorhandenen Einern die Reihe bis hundert gebildet wurde. Jene Urbegriffe aber in ihrer Schwerfälligkeit sind entschwunden, oder sie haben sich trotz ihrer lautlichen Erhaltung begrifflich der neuen Ordnung fügen müssen. Dieser Bau wurde durch Entlehnung, keineswegs durch innere Nothwendigkeit, Gemeingut vieler Völker; die Zehnzahl hätte sonst durch jede andere als Grundzahl ersetzt werden können, und fünf mal acht wäre begrifflich nichts

anderes gewesen als z e h n m a l v i e r. Selbst in den semitischen
Zahlen läßt sich bei schenajim chaldäisch teré oder tinjon z w e i
der Zahnlaut, der in der indogermanischen Z w e i herrscht, erkennen,
in schalösch, chaldäisch thelath ist, wenn man den Wechsel von
l und r zugibt, eine Verwandtschaft mit der indogermanischen D r e i
unläugbar; ebenso schesch und sex, schebá und septem, so daß
für die Z a h l e n hiermit die Entlehnung feststeht. Vor dieser zählen=
den Thätigkeit schwand die Nothwendigkeit zahlbestimmender Beug=
ungsformen, die leicht hemmend in den gesunden Fortschritt der
Sprache hätten eingreifen können. Unsere Anschauungen sind durch
Einführung der Zahlenwelt viel bestimmter geworden, so daß wir
Alles übersichtlich ordnen können. Aber die Zahlenbildung ist noch
nicht abgeschlossen, ist endlos, wie die Zeit selbst, und so manche
Massenzahlen, die dem Alterthume entbehrlich schienen, hat erst die
Neuzeit aufgestellt, und noch andere werden folgen. Während das
Alterthum in dem griechischen myriás, in dem hebräischen ribbo für
z e h n t a u s e n d besondere Bezeichnungen hatte, sehen wir diese im
Lateinischen schon schwinden; im Französischen zeigt sich von s e c h z i g
an und weiter jene zuzählende und vervielfältigende Art, wobei s i e b=
z i g soixante-dix, a c h t z i g quatre-vingts heißt; es wird dabei
jene von uns bezeichnete vorweltliche Zählart unbewußt nachgeahmt.
Daneben beginnen aber doch die Zahlen septante, huitante ihr
Recht zu behaupten, und es kommt so gewiß größere Klarheit in
den ganzen Zahlenbau. Unsere M i l l i o n ist die Schöpfung Marko
Polo's, der für die ihm unzählig dünkenden Einwohner China's
den halb scherzhaften Ausdruck millione brauchte und damit, ohne
es zu wollen, eine neue Zahlengröße schuf, die sonst nicht mit solcher
Bestimmtheit in unseren Begriffen wohnen würde.

Auch die Beziehungen von Vergangenheit, Gegenwart und Zu=
kunft, von Bedingung und Wirklichkeit, die wir mit dem Thätigkeits=
worte in so innige Verbindung bringen, waren einst nicht vorhanden.
Der Mensch drückte das ihm Erscheinende nur so aus, wie es ihm
erschien, während, wie schon oben gezeigt, in jenem Urzustande die
Seele für weitgehende ursachliche Verknüpfungen, für Vergleichung
und Entgegensetzung in unserem Sinne durchaus unempfänglich ist.
Deshalb kann auch der Zeitunterschied wenig auf sie wirken, eine
durch ihn hervorgerufene Verknüpfung der Thatsachen ist ihr in
diesem Zustande fremd, wo die Betrachtung der Einzelerscheinungen

ohne deren Beziehung zu einander genügt. Erst auf einer höhern
Stufe erstarkt das Zeitbewußtsein im Menschen, er gelangt dazu,
das Jetzt durch den vergangenen Augenblick zu erklären und daraus
auf etwas Kommendes zu schließen. Diesem erwartungsvollen, keines=
wegs mehr harmlosen Zustande gehört außer der sprachlichen Zeit=
unterscheidung noch die Sonderung zwischen der Wirklichkeit und
der bloßen Möglichkeit an; die Beugungsform für letztere ist ganz
deutlich als eine weitere Entwickelung einer einst vorhandenen erwart=
ungsvollen Wunschform zu erkennen. Das Hebräische kennt wohl
verschiedene Beugungsarten im Zeitworte, wobei das Fürwort bald
hinten angefügt wird, bald als Vorsilbe dient; deren zeitbestimmender
Gebrauch ist aber ziemlich willkürlich, und man kann wohl sagen,
daß an einer Stelle derselbe Ausdruck der Zukunft dient, der
an einer andern die Vergangenheit ausdrückt. Für die Gegenwart,
wenn sie nicht ähnlich gebildet wird, scheint es einen besondern Aus=
druck gar nicht zu geben, sie wird vielmehr, besonders in mischnischer
Zeit, in englischer Weise durch Verbindung des Hilfszeitwortes mit
dem Mittelworte gegeben; schabarti heißt ich zerbrach, eschbor
ich werde zerbrechen, die Versetzung der Silbe wa macht aus
der Vergangenheit die Zukunft und umgekehrt; diese Zukunft wo-
eschbor, die nun ich zerbrach heißt, gab sodann die geschichtliche
Vergangenheit, wogegen schabarti mehr dem lateinischen frangebam
entsprach, die andauernde Thätigkeit im Gegensatze zu der vorüber=
gehenden kennzeichnend. Ein lu oder im wenn kann sofort aus
der Wirklichkeit die bedingende oder wünschende Form hervorbringen,
ohne diese Bindewörter würde dieselbe im Hebräischen gar nicht vor=
handen sein. Je dichterischer der Ausdruck wird, desto freier geht
die Sprache mit den Zeitformen um, und es ist ja bekannt, daß
die erhabene Rede überhaupt gern die alterthümlichsten Wendungen
gebraucht. Kaascher jarim Mosche jadaw wegabar Jisrael,
„So oft Moses seine Hände heben wird, wird Israel siegen,„ heißt
es, wenn wir wörtlich übersetzen, in der Erzählung vom Amalek=
kampf, wo die Größe des Ereignisses einen bedeutenden Ausdruck
erheischt, und es liegt etwas Feierliches, wie die Verkündigung eines
Gesetzes in diesem Wortlaute, welcher von uns mit dem Ausdrucke
der Vergangenheit übertragen werden muß. Wie wenig in Beding=
ungssätzen irgend einer Sprache die Möglichkeitsform nothwendig ist,
zeigt uns das Griechische, das in ei ti eichon édidon an wenn ich

etwas hatte, gab ich es, uns geradezu andeutet, daß es, weil ich Nichts gehabt, mir unmöglich gewesen sei; in ähnlichem Falle sagt der Franzose si j'avais quelque chose, je donnerais wo wir wenn ich etwas hätte erwarten. Die altgriechische Wunschform, der sogenannte Optativ, ist als besondere Gestaltung überhaupt aus den Sprachen geschwunden und ist im Lateinischen der Bedingungsform gewichen. Eine Nothwendigkeit hat auch hier nicht die Entwicklung hervorgerufen. Wird doch auch eine unbestimmter gestaltete Sprache verstanden, sie scheint sogar unmittelbarer zu unserm Herzen zu sprechen, je freier sie mit diesen trockenen Unterscheidungsmitteln verfährt.

So sehen wir unsere begrifflichen Sonderungsmittel erst auf Trümmern vorangegangener Anschauungen sich erheben, und Vieles, was wir nothwendig mit allem Menschlichen verknüpft glauben, fällt dem Wechsel des irdischen Entwickelungsganges anheim.

Die Sprache als Zeugin für Entwickelung menschlicher Lebensverhältnisse.

ehen wir nun ab von diesen Vorgängen auf dem Gebiete der Formenlehre, um uns den Begriffen zuzuwenden, die der Stoff solcher Formung sind. Um nun ein Bei= spiel für die Gleichheit aller begriffswandelnden Ent= wickelung in den verschiedensten Völkern zu geben, betrachten wir mit Geiger die Begriffe Lehrer, Meister, Vorgesetzter und groß, die man in allen Sprachen in engster Beziehung zu einander findet. Viele Worte, die eine amtlich hohe Würde oder einen geistigen Vorzug bezeichnen, die vielfach zu sehr geistigen Begriffen geworden sind, wie Herrlichkeit, Klugheit, Geistes= größe, — sie alle nahmen von Familienverhältnissen ihren Aus= gang. Wir finden in den ältesten Sprachen den Unterschied zwischen Alter und Jugend nur mit den Bezeichnungen eines älteren und eines jüngeren Bruders gegeben, so daß im Hebräischen gadol groß, katan klein, eigentlich älter und jünger bedeutet, den Römer sein senex Greis nur an senior älter, sein juvenis Jüngling an junior jünger erinnern konnte; major und minor mit hinzugedachtem natu hat denselben Begriff. Darin findet Geiger den Hinweis, daß im Alterthume der Erstgeborne wirklich in einem Herrscherverhältnisse zu seinen jüngern Geschwistern gestan= den habe, was nicht auf Gemüthsneigung, sondern auf Zwang beruht haben muß. Die Chinesen haben in ihrer Sittenlehre der Aus= malung darauf bezüglicher Pflichten einen sehr weiten Raum gegönnt

und sie zur Grundlage aller Lehren vom Gehorsam gemacht, und
Zuvorgeborener ist bei ihnen ebenso viel wie die ehrfurchtsvolle
Anrede Herr, weist geradezu auf die Herrscherwürde eines früher
zur Welt gekommenen Bruders hin; die jüdische Ueberlieferung
vergleicht diese brüderliche Beziehung mit dem Verhältnisse der Kinder
zu ihren Eltern, die biblischen Erzählungen haben oft genug den
Gegensatz zwischen bechor dem Erstgeborenen und zaïr dem Jüng=
eren zu erwähnen.   Diese Ehrfurcht hat ihren Grund wohl darin,
daß in jenen Zeiten, als nur auf dem Wege der mündlichen Mit=
theilung das bisherige Geisteseigenthum und die bisher erlangten
Fertigkeiten den kommenden Geschlechtern zukommen konnten, der
Jüngere wirklich der Schüler des älteren war, und die dabei noth=
wendige Nachahmung des gegebenen Beispieles wird von selbst zum
Gehorsam.   Noch heute finden wir bei den australischen und afri=
kanischen Wilden die Bezeichnung älterer Bruder als Ehrenamen
des Siegers, während der Besiegte sich mit dem Namen des jüngern
Bruders begnügen muß.   Man wird hieraus wohl den Streit
um die Erstgeburt, wie ihn das Alterthum so oft zeigt, erklärlich
finden, so wie auch den Umstand, daß Erstgeborner überhaupt
Herrscher heißt, bechor und Eljon der Erstgeborne und der
Höchste zu Wechselbegriffen werden, unser Fürst im englischen first,
der Erste und deßhalb Aelteste, wie die Priorwürde vom lateinischen
prior herkommt, sein Gegenbild findet.   Selbst der Schüler wurde
zum Jünger, während der Name für Lehrer in den romanischen
und einigen semitischen Sprachen entschieden von älter herkommt.
Bevor es in den Begriff Lehrer überging, hieß es Oberster,
wogegen das Wort für Schüler, also auch Jüngling und Knabe
einst den Begriff der Untergebenen ausdrückte.   Das Wort magister
mußte zuerst in magister equitum eine Würde im Heere bedeuten,
das eigentlich aramäische rab Aelterer erst in rab hachobel
den Schiffsobersten benennen helfen, bevor beide den Lehrer be=
zeichneten; bachur, der Jüngling, wurde zum Schüler in der
Volkssprache, naär der Knabe, pais im Griechischen mußten vorher
sich zur Bezeichnung der Untergebenen darbieten; und leitet nicht
unser Jünger, so viel wie Schüler auch darauf hin, die Unter=
schiede des Alters, wie die des Standes und Geistes mindestens in
der Sprache maßgebend erscheinen zu lassen? Zeigt nicht Herr die
Abstammung von hehrer oder älter? Ist nicht der Knappe,

der Diener und Begleiter des Ritters, von Knabe abzuleiten? Wurde nun rab in rabbi ein Ehrentitel für die Männer der heiligen Wissenschaft, so diente es später bald der gewöhnlichen Anrede, und das rabbenu mußte als entscheidendes Ehrenzeichen an seine Stelle treten. Magister, das in unserem Meister die Begriffe des Lehrers und des Künstlers vereint, das, ebenso wie major, wovon es stammt, so manche Würde zu bezeichnen hatte, das dem majordomus, dem maire, dem Lordmayor, unserem Major das Leben gegeben; senior, das, ursprünglich nur älter bezeichnend, römischen Senatoren, (entsprechend den Geronten, den sekenim) zur Benennung verhalf — sie Alle wurden schließlich zu gewöhnlichen Anreden, in unserm Herr, in mister, in signor und monsieur zeigen sie nur noch geringe Reste ihrer einstigen Bedeutung. So half dasselbe Wort nicht nur den durch das Amt, sondern auch den in irgend einer Wissenschaft und Kunst Hervorragenden bezeichnen, wie manche geistlichen und wissenschaftlichen Titel beweisen, drang mit nach und nach in die niederen Schichten ein, bis es, einst als seltene Auszeichnung betrachtet, schließlich durch häufigere Anwendung — zumeist in Folge der feiner gewordenen Umgangsformen — zur Anrede schlechtweg benutzt wurde. Ein gleicher Vorgang zeigt sich in dem Wohlgeboren, was jetzt fast alle unsere Briefumschläge zur Aufschrift haben, in dem Wörtchen von und in Ew. Gnaden, was in manchen überhöflichen Städten Jedem zugetheilt wird, so ist es schon in der Vorzeit jenen ehrenden Bezeichnungen ergangen, die von major, von rab, presbys und prior ihren Ausgang genommen. Diese Erweiterung des Begriffes älter wird sich in allen Sprachen verfolgen lassen, und sind auch die Bezeichnungen für weitere Verwandtschaftsgrade daraus herzuleiten.

Derartige Betrachtungen ermöglichen uns also überraschende Blicke auf jene ursprünglichen Zustände der Menschheit, die in den Wandlungen der Sprachen absichtslos ihre Spuren zurückgelassen haben, wenn auch die Geschichte davon schweigt.

Die Menschheit, heute so reich an Entwickelungsmitteln, daß sie vom Dampfe sich tragen und zugleich ihre Arbeiten verrichten läßt, daß ihre Worte blitzgleich über weite Meere fliegen und überseeische Länder inniger mit uns verbinden, als es früher bei naheliegenden Orten möglich war — dieselbe Menschheit befand sich in dieser Beziehung einst auf einem Standpunkte, der vom Thierischen sich wenig unterschied. Höchst lehrreich ist es, an der Hand der Sprache zu betrachten, wie der Mensch diesem Zustande entwuchs. Der Gebrauch seiner Glieder wurde immer mehr durch das Werkzeug ersetzt, durch das Werkzeug allein unterscheidet sich äußerlich menschliches Thun vom thierischen. Diese Ersatzmittel stellen sich, wenn man eine Begrenzung genau versuchen will, als Werkzeuge zur Bereitung anderer Dinge dar, als Gefäße und als Waffen.

Zwischen deren sprachlicher Bezeichnung lassen sich begrifflich manche Unterschiede nachweisen. Die Geräthe werden meistentheils nach ihrer Bereitung benannt, es gibt sich also in ihren Namen die Art ihres Entstehens durch Menschenhand kund. Das Werkzeug nennt sich nach seinem Zwecke, so daß ein Schlüssel, in welcher Sprache es auch nur immer sei, entweder als öffnendes oder als schließendes Werkzeug bezeichnet wird; so kommt das lateinische clavis von claudo, wie unser Schlüssel von schließen; maphthēach dagegen ist auf das Hebräische öffnen pathach, zurückzuführen. Die Waffe endlich wird theils nach ihrer Verwendung, theils nach ihrer Gestalt benannt, indem sie auch als Geräth aufgefaßt wird; jaculum von jacio entspricht ganz unserem Wurfspieß; und wenn hasta, die Lanze, nicht aus demselben Stamme kommt, so kann es vielleicht mit xyston, von dem griechischen xyo abgeleitet, herkommen und damit den geschabten Schaft — auch im Deutschen sind diese Worte verwandt — bedeuten; gladius scheint auch mit unserm glatt aus einem Stamme zu kommen und damit das Geglättete zu bedeuten. Ist die Benennung hier von der Art der Bereitung hergenommen, so zeigen uns andere Waffennamen die Gestalt ihres Gegenstandes. Unser Bogen kommt sicher von biegen, wie das Hebräische kescheth seine Verwandtschaft mit chōzen, Ellbogen nicht verleugnen kann; wer hier an der Herleitung zweifeln möchte, der wird im Arabischen qausun dasselbe Wort erkennen; demnach scheint sogar chēz, der Pfeil, diesem Wortkreise nicht ganz fern zu stehen, von Bogen benannt zu sein, und chazaz schneiden, zur Hälfte trennen dürfte sich als ein Wort zweiter Bildung herausstellen; hier aber ist der Punkt, wo dem Forscher, wenn er die vielen gleichen Worte wie gasas, kazaz u. s. w. betrachtet, die dem chazaz an Bedeutung ähnlich sind, Zweifel aufstoßen müssen. Hier ist es die gekrümmte Gestalt des Bogens, was die Aufmerksamkeit der Sprache herausforderte. Im Messer treffen ja noch heute

beide Begriffe zusammen.   Den Geräthnamen liegt der Begriff
des Bereitens zu Grunde, den Gefäßen dagegen die Anschau=
ung des Höhlens, womit Gasse, Loch, Thüre, Bach,
Hohlrinne, Becken, Becher zusammenhängt, wahrscheinlich
ist die Handhöhlung als Grundlage der Gefäßnamen anzu=
sehen weil sie selbst das älteste Gefäß war.   Nur scheinbar kann
der Zweck hier durch die Sprache angegeben worden sein, vielmehr
lassen sich derartige Ableitungen stets auf ein Mißverständniß seitens
des Forschers zurückführen.   Der Grieche nannte die Schüssel, lékos,
den Teller lokánōn, die Oelflasche lēkythos; naheliegt das latein=
ische lagena Flasche, lanx Schüssel, Wagschale; sogar larnax
der Kasten scheint hierher zu gehören.   Gemeinsam ist all diesen
Gegenständen die Höhlung, seien sie von runder oder von eckiger
Gestalt, sie haben ja als Gefäße den Zweck, andere Dinge in sich
aufzunehmen.   Leicht könnte man von dieser ihrer Verwendungsart
auf ihre Namen schließen, wenn nicht laukanía die Kehle, lakkos
die Grube, lacus der See und unser Wort Lache den Beweis
böten, daß lediglich die Höhlung den Namen hergegeben.   Aron
die Lade im Hebräischen wird garon der Kehle nicht zu fern=
stehen, hier leitet die Sprache von den Stämmen ar und gar zu
gal, chal hinüber, worin Wölbung und Höhlung hauptsächlich
ausgedrückt ist, und von diesen Stämmen aus lassen sich tausende
von Gefäßbenennungen erklären.   Die Selbständigkeit der Hand
mag der Urzeit weniger bemerkenswerth vorgekommen sein, sie wurde
daher nur als gebogenes Armgelenk betrachtet; darum schließt sich
an ihren Namen die Anschauung des gebogenen, des rundlichen
Einschnittes, des Kugelförmigen, daher Wurzeln wie hohl,
biegen, graben sich vielfach in einander verschlingen, und, je weiter
wir sie zurückverfolgen, an Bedeutung sich immer mehr nähern;
daher gehören auch Worte wie Meerbusen, Kopf, Haupt zu
jener Gruppe, wir brauchen nur an unser Becher, Becken, Bach,
biegen zu denken, zu erinnern, daß im Hebräischen nachal zugleich
Thal (d. h. Höhlung zwischen zwei Höhen,) und Bach bezeichnet,
brauchen uns nur der Worte kephalē und kypélla, Haupt und
Becher Erwähnung zu thun, außerdem kólpos des Meerbusens,
welche Zusammenstellung im Hebräischen in kaph der Schaale,
kab dem Getreidemaaße Kab, chaphar graben, chof
Meeresküste ihr Gegenbild findet, um es begreiflich zu finden, daß

diese Wortgesammtheit im hebräischen kaph hohle Hand ihren
Ausgangspunkt sieht. Finden wir nun, scheinbar abweichend, Ge=
fäße von ihrem Stoffe benannt, so wird das auf der Grundbe=
deutung schälen beruhen. Wir finden gewisse Thiere, wie Austern,
Muscheln, Schnecken von ihren Schalen benannt, dieselbe Be=
zeichnung dehnt sich auf Scherbe, selbst Schädel aus, immer wird
man den Grundbegriff des Schälens und Schabens als zu
Grunde liegend herauskennen; testa die irdene Schaale im
Lateinischen heißt außerdem Splitter, óstrakon ist der bekannte
Scherben der Athener, welcher den Namen des zu Verbannenden
zu tragen hatte, und ostrakopoiós heißt der Töpfer; so geht es
mit dem hebräischen cheres, welches mit charaz spalten, zer=
splittern verwandt ist, und das chaldäische chassaph Irdenge=
schirr hängt ganz klar mit dem hebräischen chassaph abschälen,
schaben zusammen; kaárah die Schale als Gefäß ist dem
Ausdrucke karkar zertrümmern nicht fremd; gulgoleth heißt
der Schädel, und so stehen wir wieder an dem ungeheuren Sprach=
bezirke des rundlich gehöhlten; auch testa bedeutet ja Schaale, und
im Französischen ist tête der Kopf geworden. Haben nun hölzerne
Geräthe an ihren Stoff erinnernde Namen, so muß Holz als etwas
Geschältes, Entrindetes aufgefaßt und sprachlich hergeleitet
werden, weil es erst durch Ablösung der Rinde zum Vorschein kommt;
dóry der homerische Holzschaft, dessen Mehrzahl dórata das
verarbeitete Holz bedeutet, drüs die Eiche, lassen uns nahe
Beziehungen zu dérma Fell bemerken, das slavische lipa Linde
kann dem griechischen lépo schälen nicht fernstehen, die Birke
kommt von Borke, soviel wie Rinde; éz hieß im hebräischen
zunächst der Wald, das Holz, ēzim waren nicht, wie in späterer
Zeit, Bäume, sondern Holzstücke, und wie jenes lépo schälen
mit leípo zurücklassen, verlassen zusammenhängt, so jenes
éz Holz mit ásaw zurücklassen, so daß das Schälen, das
Zurücklassen des Entrindeten hier zu suchen ist. Die
ursprünglichsten Gefäße waren nach alledem vorhanden, d. h.
sie boten sich dem Menschen, ohne dessen Thätigkeit aufzufordern,
an. Da war es zunächst die hohle Hand, deren Begriff bald auf
alles Ähnliche, auf abgelöste Thier= oder Pflanzenschalen übertragen
wurde, sowie auf alles Gehöhlte überhaupt. Die ursprünglichsten
Bezeichnungen für Bäume und das, was begrifflich mit ihrem Namen

von andern Arten verbunden wurde, stellten Rindenbäume dar,
erst später findet sich der Holzbaum sprachlich berücksichtigt. Holz-
geräthe haben deßhalb weniger im Stoffe den Grund ihrer sprachlichen Bezeichnung, als in der Bearbeitung des Stoffes. Daß
es mit dem Thierleben ebenso sein wird, läßt sich aus dem Vor-
erwähnten leicht ersehen; hieher gehören die Begriffe des Entrindens
und Entblößens, von denen das Fell überhaupt den Namen hat;
in manchen Sprachen haben daher Fell und erbeutete, also ausge-
zogene Feindeswaffen einen und denselben Ausdruck; so ist es im
lateinischen spolium, so heißt im hebräischen ôr das Fell und
zugleich entblößen, und ´erjah bedeutet geradezu die Blöße, das chaldäische mischschcha Fell, kommt von maschach ziehen, cheled
ist die Erdrinde, geled das Fell und galad heißt dennoch entblößen, nackt machen, wogegen kalat wieder retten, verhüllen
ist. Denken wir an unsern Ausdruck Fell, woraus das Volk Pelle
macht; man spricht von Pelltartoffeln und man puhlt die Erbs-
schoten aus; pellis das Fell mag mit pello, das eine gewaltsam
forttreibende und fortreißende Thätigkeit bezeichnet, in engem Zusammenhang stehen. Fell, Balg, balgen und raufen machen
im Deutschen einen ähnlichen Kreis. Von hier aus wird man sowohl
über die Begriffe des Bekleidens einerseits, wie des Entblößens,
Beraubens und Ueberlistens andererseits einen weiten Um-
blick halten können. Wenn sich uns nun wirklich Geräthe nach
ihrem Zwecke und nicht nach ihrer Gestalt benannt zeigen, so erkennt
man sie doch sogleich als Namen jüngern Ursprungs, als die vom
Begriffe des Schabens hergeleiteten, so daß sie nur für entwickeltere
Zustände Zeugniß ablegen können, nicht aber für die Urzeit.

Es gilt nun, den Ursachen nachzuforschen, weshalb bei einzelnen
Gegenständen und Arten die Sprache so sehr die Entstehungsart
durch den Menschen berücksichtigt, bei andern dagegen dieselbe ganz
aus dem Spiele läßt?

Geradezu wunderbar muß es uns auf den ersten Blick vorkommen, daß Werkzeuge von ihrem Zwecke benannt werden, also
von der Thätigkeit, die erst durch sie ermöglicht wurde. Das könnte
uns fast auf den Gedanken bringen, als wäre der Mensch nie ohne
Werkzeuge, daher auch ohne die betreffende Thätigkeit gewesen. Wird
das Messer als schneidendes, die Nadel als nähendes
Werkzeug angesehen, so muß schneiden und nähen sprachlich

doch wohl früher dagewesen sein, als diese Ableitungen und als die
Gegenstände, die solche Bezeichnungen erfordern. Da bleibt uns
Nichts übrig als wirklich ein Schneiden ohne Messer, ein Nähen
ohne Nadel anzunehmen, als hätten diese Thätigkeiten ursprünglich
gar keines Werkzeuges bedurft. Die Lösung dieses Räthsels findet
sich nämlich darin, daß das Wort, welches später den Begriff des
Schneidens in sich schloß, einst ein Zerreißen mittelst der Hand,
wie man es thierisch vorgebildet fand, bezeichnete; daher findet man
den Gebrauch des Schafrupfens statt der Schafschur früher überall
verbreitet. Strabo und Plinius bieten für diese Behauptung sichere
Beweise, an manchen Orten bestand das Rupfen der Schafe noch
zu ihrer Zeit. Pékō heißt bei Homer noch mit den Händen
zupfen, (im Lateinischen erinnert pecto kämmen daran,) end=
lich wird scheeren daraus; so ist es auch mit keiro gewesen.
Was das Nähen anbelangt, so steht das griechische rápto dem
Reißen keineswegs fern, was in rapio und in rumpo liegt; das
hebräische taphar zusammennähen wird in der Genesis bei den
Feigenblättern der ersten Menschen angewandt, dort kann es doch
nur zusammenfügen heißen, aber weiterhin gelangen wir auch
hier zu den Stämmen saphar schneiden, scheeren, schabar
zerbrechen, also sind wir wiederum bei jener gewaltsamen zermal=
menden Urthätigkeit angelangt. Dies Reißen läßt sich noch weiter
bis zum Nagen, Wühlen, Scharren verfolgen, ja, wir fin=
den uns auch auf diesem Wege zu entrinden und enthäuten
zurück, rodere, das lateinische Wort für nagen, orýtto im Griech=
ischen wühlen, unser Zeitwort roden, gehören diesem Kreise an;
vielleicht führt uns vom hebräischen saphar schneiden der Laut=
wandel durch Vermittlung des z zu áphar Staub, zerwühlte
Erde, zu chaphar graben, wenn uns hier nicht die Folgerungen
trügen, die uns auf zwei Wegen zu chaphar gelangen lassen. Auch
die Mühle und ihre Thätigkeit läßt sich durch Vermittelung von
streicheln und beschmieren, womit alles Verdünnte zusammen=
hängt, ähnlich herleiten; mürbe, mollis, mulceo, streicheln,
mýllō, griechisch mit den Zähnen knirschen, mordeo beißen,
amérdō berauben molýnō beschmieren zeigen uns den indoger=
manischen Stamm, der uns auf das Wort Mühle und auf ihre
Thätigkeit hinführt; Tachanah heißt Mühle auf hebräisch, medōka
Mörser, toach bestrichen, dack, zach heißt dünn, mürbe,

zart; da bemerken wir die Verwandtschaft der gleichen Begriffe im
Semitischen.   Der Bohrer ersetzt mit seiner Thätigkeit ein einstiges
Wühlen, hievon haben viele Thiere ihren Namen; die Würmer
allgemein von nagen und fressen, denn wenn auch to hérpeton
wie das hebräische remess von kriechen oder treten herkommt,
so hat Beides doch auch an sich selbst, (das hebräische ramass und
das lateinische carpo, beweisen es,) zunächst den Sinn des Zer=
malmens.   Bei skóleks und teredón zeigt uns die griechische
Benennung für Wurm schon die Stämme des Nagens und Fressens,
so ist es mit dem hebräischen thōleáh, das von talá, latá
fressen, Backenzahnartig hervorstehen herkommt, und in
methaláh Backenzahn finden wir den frühern Beweis für diese
Bedeutung.   Beweis genug, daß diese Urbegriffe des Kauens und
Zermalmens durch ihre Anschaulichkeit als so kräftige Sprachkeime
zu betrachten sind, daß ihre Ableitungen den Menschen begleiten von
jener Zeit an, wo er dem Thiere gleich herumwühlte, zernagte und
mit Schaben sich ergötzte, bis zu jenem wichtigen Augenblicke, wo
das Werkzeug, einem Zufalle sein Dasein verdankend, die Hand
zu unterstützen beginnt, bis es in seiner höchsten Ausbildung die
unmittelbare Thätigkeit des Menschen völlig ersetzt.   Wie schon an=
gedeutet, lassen sich die Namen vieler Thiere, wie Eidechse, Maul=
wurf, Fuchs auf Wühlen zurückführen, die Biene wird nicht vom
Honig, sondern vom Stechen benannt; so geschieht es im hebrä=
ischen deborah, das mit taphar, saphar, schneiden, stechen ver=
wandt ist; chulda das Wiesel kommt von chalad, das, von
cheled Erdoberfläche gebildet, etwa in der Erde wühlen
bedeuten würde; schafan das Kaninchen hängt mit saphan, za=
phan, verbergen, im Sande verscharren zusammen; talpa
der Maulwurf im Lateinischen ist auch mit teiro, tribo, thlibo,
reiben, drücken, also auch wühlen aus einem Kreise.   Es
kömmte nun als ein Widerspruch zu allem Angegebenen erscheinen,
daß die Spinne von ihrer Kunstthätigkeit, vom Spinnen, den
Namen trägt, ohne welche sie überhaupt nie zur Erscheinung kommen
kann.   Spinnen läßt sich weiterhin auf flechten zurückführen;
das griechische nōtho, das lateinische nere findet seine Erklärung
durch necto flechten, was eine uralte Thätigkeit zu bezeichnen
scheint, die sonst an einem Thiernamen nicht hätte auftreten können.
Wir finden weiter zurückgehend einen Zusammenhang zwischen Zweig,

Flechtmittel und Flechtwerk, z. B. Gerte, gürten; Binse, Weide, winden. Aus dem griechischen klōsis das Spinnen, mit pléctō flechten verwandt, kommen wir auf klōn und kládos, Zweig; semōra, im hebräischen Gerte, ist mit zemer Wolle, also zu Spinnendes unverkennbar verwandt; selbst der Name Flachs scheint mit flechten zusammenzuhängen. Auch nähen schließt sich so eng an diesen Begriffskreis, daß es mit dem schon erwähnten flechten ein Wort hat. Diese Thätigkeit scheint sich zunächst an Pflanzenzweigen versucht zu haben. Aber auch das Flechten des Haares hat ein gleiches Alter, so daß auf diesem Ge= biete, im Gegensatze zu allen andern Beobachtungen, ein erstaunlicher Kunsttrieb hervorgetreten sein muß, und das in jener sprachent= wickelten Urzeit! Sieht man aber genauer hin, so findet sich, daß das Haar, wildzottig, wie es im Urzustande war, zur Anschauung des geflochtenen, will sagen verwirrten Haares Veranlassung gab, also das gerade Gegentheil des kunstmäßig verschlungenen Haarschmuckes. Auch konnten die Zweige in ihrem urwaldmäßigen Zustande der Verschlingung das Vorbild des Zottigen, demgemäß des geflochtenen geben, und von solchen Urbezeichnungen sehen wir später die besonnene Thätigkeit begleitet, die etwas Aehnliches durch Kunst herstellt. Zemer, im Hebräischen Wolle, ist mit ssammar, dem Verwirrtwerden des Haares, verwandt, zameres die Belaubung des Baumes, āmar das Garbenbinden, saār das Haar, seōrim die Gerste, gipfeln alle in dem Urein= drucke des Verwirrens. Da nun aber der Begriff des Verwickelns selbst schwerlich an einer bloßen Anschauung, an einem feststehenden Gegenstande, sondern nur an einer Bewegung sich entwickelt haben kann, so führt es uns weiter zu Wurzeln zurück, die ein Durch= einanderwühlen weicher Massen bezeichnen; und deren Beziehung zum Weben, Flechten und Spinnen wird sich leicht erkennen lassen. Von hier aus leitet es uns aber nicht nur zum Weber, sondern be= greiflicherweise auch zum Töpfer. Der steht begrifflich wieder mit dem Stein= und Metallarbeiter in gewisser Beziehung, sie wirken nämlich, wie er, durch den Druck der Hand oder des Werkzeugs auf die Gestalt des Stoffes ein. In vielen Sprachen haben sie deshalb sogar mit dem Zimmermann eine Bezeichnung. Ein solches Hauen und Formen leitet dann weiter zum Bildhauer, der sprachlich oft als ein Nebenbegriff des Töpfers sich darstellt. Textor, der Weber, hat im Griechischen als engverwandtes Wort tékton der Zimmermann, Baumeister, ja téchnē die Kunst ist dazu zu ziehen. So heißt das hebräische charasch Holz, Metall oder Stein verarbeiten, so daß der Stoff der Thätigkeit immer erst dazu kommt, charoscheth eben, charoscheth ēz, Stein= oder Holzarbeit. Chereth der Griffel, der Meißel gehört zu Beiden, und das Grundwort wird, wenn man charasch graben, cheresch taub dazu beachtet, schließlich verstümmeln, ver= derben sein. Figulus der Töpfer leitet uns in figura zur Thätigkeit des Bildhauers, so ist jozēr im Hebräischen Töpfer und Bildner. Nun kommt aber mórphē das griechische Wort für Form, von márptō gewaltsam packen her, und jenes doppel= sinnige jozēr läßt sich auf zarar drücken, pressen zurückführen, zeror ist sogar ein Bündel, mit vorgesetztem Kehllaute kommt azar verschließen, asar gürten hinzu, wir kommen auf diesem Wege auch zu âtarah, kether Kranz, Reif, Krone, zu jether Strick, gader, köthel Wand. Von da kommen wir zu den Umhegungen der Wohnungen, der Höfe. So leiten uns fruchtbare Urbegriffe, durch ihre kräftige Sinnlichkeit so ungeheuer reich an Keimen, so leitet uns das Wühlen zum Kneten, Hauen und Flechten, wir sehen aus dem wühlenden Urmenschen den Töpfer und andere Handwerker hervorgehen, das Handwerk wird der Keim der Kunst, die in den Bildwerken des Alterthums in so unnahbarer Erhaben= heit vor uns dasteht, und andererseits sehen wir von da aus den Menschen zur festen umhegten Wohnung gelangen.

Das Herumwühlen in weichen Massen ist aber zugleich ein Schmieren und Besudeln, wie es dem Menschen von jeher eigen und lieb war. Daher die Wurzelgleichheit von schwärzen, beschmutzen, eintauchen, versenken, verunreinigen und färben. Tingo, dessen Verwandtschaft mit dem Wortkreise von tango be= rühren unverkennbar ist, heißt sowohl benetzen, eintauchen, wie auch färben. In den semitischen Sprachen finden wir das= selbe im hebräischen tabá versinken, sōbē der Trank, zabá färben, saab heißt im Chaldäischen unrein. Auf diesem Wege geht uns auch der gemeinsame Ursprung der Malerei und der Bild= hauerkunst auf, deren innige Beziehungen zu einander also nicht nur in der Aehnlichkeit der Zwecke beruht; wühlte doch der Urahn beider thierähnlich herum, dieses Wühlen ist das ursprünglich Gleiche,

von wo aus beide Richtungen sich trennten, um in einem erhabenen
Zwecke, der künstlerischen Nachahmung vorhandener Formen, ' sich
gewissermaßen wiederum zu vereinen.

Fragen wir uns nun, woher wohl die Absicht der Farben=
gebung entstand, durch welche Anregung veranlaßt man zuerst be=
stimmte Gestalten auf eine andere Grundlage auffärbte, so stehen
wir den Betrachtungen über den Ursprung der Schrift nahe.
Schreiben heißt in vielen Sprachen zugleich malen. So ist es
der Fall mit dem griechischen gráphö, dem Grundworte von scribo,
und sculpo führt uns noch weiter auf das Gebiet der bildenden
Kunst. Unser malen, das beweist das Merkmal, Muttermal,
Denkmal, hieß vorher bezeichnen, abgrenzen, also auch durch
Buchstaben etwas angeben. Das Entstehen der Schrift wird wohl
kaum vom Bedürfniß des Menschen abhängig zu machen sein, so
sehr sie als Ergänzung unseres Denkens, als Mittel zu dessen Fest=
stellung zum Menschenthume zu gehören scheint. Noch heute gibt
es Völker, die eine Schrift nicht kennen und das Bedürfniß danach
gar nicht empfinden; andere, denen ein solches erst von außen her
eingeimpft wird. Unbedingt muß die Sprache schon vollkommen
dagewesen sein, als die Schrift, und zwar ohne ein absichtsvolles
Ersinnen, hervortrat. Die semitischen Buchstaben, als Erzeuger der
griechischen, bezeichnen ihren Namen nach gewisse Gegenstände der
Außenwelt; so ist nun der Fisch, resch das Haupt, sajim die
Waffe, beth das Haus; diese Worte aber sollen, wie Geiger an=
nimmt, uns mit Bestimmtheit Babylon als das Land der Buch=
stabenerfindung erkennen lassen; beth ist nämlich nicht das hebräische
Wort für Haus, denn das lautet bajith, sondern es scheint aus
dem chaldäischen betha verkürzt; die griechischen Benennungen kappa,
lambda, theta führen uns von den hebräischen verkürzten Namen
augenscheinlich wieder zu den chaldäischen zurück; in manchen Sprachen
wählte man statt der unverständlichen entlehnten Namen einheimische
Worte zur Bezeichnung der Buchstaben, das griechische sigma, dem
semitischen schin, sin entsprechend, scheint mit Zeichen, mit semeion
verwandt zu sein, und das hieraus gekommene Doppelzeichen für
st hat man später stigma genannt, was mit ritzen, spalten
zusammenhängt. Diese Wahrnehmungen berechtigen zum Schlusse,
die Zeichen haben den Namen einst selbst entsprochen, wie der Rinds=
kopf, das Auge, die zeigende Hand und die Wasserwelle in der

phönizischen Schrift bezeugen. Solchen Resten gemäß muß eine Art
ägyptischer Bilderschrift im Semitischen einst geherrscht haben. Diese
soll, wo sie auch immer vorkommen mag, nicht, wie fälschlich oft
angenommen wurde, einer bildlichen Darstellung dienen, etwa als
Bild auf das Denken zu wirken, als Gemälde den inneliegenden Ge=
danken zu versinnlichen; das ist eben so wenig bei der altägyptischen,
wie bei der jetzt noch angewandten chinesischen Schrift der Fall, ob=
schon man lange Zeit das Bildliche für die Hauptsache hielt; man
bedachte nicht, wie die Forderungen der Malerei auch in deren rohestem
Zustande, wenn man von ihr ausgegangen wäre, sich stets hemmend
dem Zwecke der Schrift entgegengestellt hätten. Die Buchstaben
waren vor Allem S ch r i f t, d. h., sie stellen in lautlicher Weise
W o r t e, nicht G e g e n s t ä n d e dar, das Bildliche dabei ist zufällig
und nebensächlich. Aus der Malerei selbst hätte sich nie eine
Schrift entwickeln können, vielmehr hat sich aus jenen gemalten Laut=
zeichen erst die Malerei zu einer eigenen Kunst erhoben. Letztere
kämpfte sogar lange mit dem begrifflichen Wesen der Bilderschrift,
deren letzte Reste noch die sinnbildlichen Frauengestalten an unseren
öffentlichen Gebäuden und am Fuße von Denkmälern sind, indem
durch sie nicht die S a ch e, sondern der B e g r i f f dargestellt wird.
Von ihr beeinflußt zeigen sich überall die Anfänge der bildenden
Kunst, die in all ihren Gebilden weniger die Wahrheit in der Dar=
stellung, als nur die Wiedergabe der herkömmlichen Anschauungen
bezweckten. Sollte ursprünglich auch das Bild eines Hundes
das Zeichen für H u n d sein, so stellte es doch nur das Wort in
seiner sprachlichen Begrenzung dar; es sollte schon damals nicht
angesehen, sondern gelesen und laut mitgetheilt werden. Das
ist bei einem Gemälde unmöglich der Fall, da es durch seine
Anordnung zu unserm A u g e, und erst durch dessen Vermittelung,
nach Vergleichung mit den Eindrücken der Außenwelt zu unserm
Geiste spricht; seine Auffassung kann nie, wie es das Wesen der
Schrift erfordert, eine b e s t i m m t e, sondern ebenso eine tausend=
fältig verschiedene sein. Das Gemälde will äußern, räumlichen Zu=
sammenhang seiner Eindrücke, will deren Spiegelbild in der Wirk=
lichkeit sehen; die Bilderschrift in ihrem stets lautlichen Wesen stellt
die Bilder als Worte nach der Ordnung der Rede zusammen,
wodurch sie einen sehr wenig gemäldeartigen Anblick darbietet. Das
erste, was der Mensch darstellt, ist überhaupt keine Wiedergabe der

Außenwelt, sondern dessen, was er denkt und wie er es denkt; die
seltsamen Striche, mit welchen das Kind bei seinen spielenden Versuchen die Dinge der Außenwelt bildlich wiederzugeben beginnt,
würden uns nicht so lächerlich vorkommen, wenn wir bedenken würden, daß hierin unbewußt nur ein Sinnbild der zu zeichnenden
Gestalt gegeben wird; die beiden Striche, welche vom Körper gleich
weit abstehen und an ihrem äußeren Ende fünf Ausläufer haben,
sollen Arme und Hände bedeuten, nicht künstlerisch darstellen.
Es bekundet einen immer kräftigeren Fortschritt der Kunst, jemehr
sie sich zur Gestaltenwelt zum Zwecke reiner Auffassung derselben
wendet. Dadurch macht erst die Kunst sich als selbständig geltend
und wirft alle Nebenzwecke von sich ab. So läßt es sich wohl erklären, daß das ursprüngliche Malen eben ein Schreiben war,
daß es daraus mit Beibehaltung derselben sprachlichen Bezeichnung
sich entwickelte. Daß die Schrift von vorn herein nicht dem Buche
gegolten, erkennt man daraus, daß die Worte für Buch zunächst
nicht eine Rolle, sondern das Geschriebene selbst, den Buchstaben,
bezeichnen, selbst die gezählte Masse der Zeichen eines Buches wird
darunter verstanden. Unser Buchstabe ist lange Zeit in sehr wohl-
feiler Weise entweder von den buchenen Stäbchen hergeleitet worden,
aus denen Guttenberg seine ersten Druckzeichen schnitt, oder man
hielt den von der Buche abgeschnittenen Stab für den Griffel. Wenn
aber im Angelsächsischen bocung niederschreiben, staef das
Zeichen, die Silbe, das Wort heißt, bei uns vom gleichen
Stamme Stimme herkommt, so wird man in Buch nur die Bezeichnung für Schrift sehen müssen. Das hebräische sepher Buch
kommt von jenen oben angegebenen Urbegriffen des Reißens und
Schneidens her, die in allen Sprachen auf die Begriffe des
Eingrabens und Schreibens führen, mispar heißt Zahl,
sapēr erzählen, saphar zählen, sōphēr der Schriftgelehrte,
sowie auch im lateinischen litera und literae ähnliche Beziehungen
aufdecken; im Griechischen hängt biblos mit Papyros zu eng zusammen,
um älter zu sein, als der Gebrauch desselben zu der Schrift. Das
Schreiben selbst scheint vielmehr ein Einkratzen zu sein, ein Eingraben
in weichere Massen, gráphō ist auf sculpo, noch mehr aber auf
scalpo zurückzuführen, was Hautabziehen, entblößen bedeutet,
graptós heißt runzlig, graptis ist die Schlangenhaut und griptās
thai heißt außer schreiben noch schaben, rupfen. Schon

4

zeigten wir, wie sepher Buch von sappar scheeren herkommt,
wogegen das Farbige, also das Auftragen auf eine Oberfläche, dieser
Thätigkeit noch ganz ferne stand. Auch wir sprechen darum noch
von einem Reißzeug, von einem Umriß, im Gegensatz zur genaueren
malerischen Ausführung der Einzelheiten. Bevor wir von einer
Zusammenfügung beschriebener Holztafeln zu einem Buche hören,
entdecken wir die Felsschrift, das mit Zeichen geschmückte Bauwerk.
Dieselben müssen demnach, den großen Denkmälern angepaßt, eine
mehr riesige Gestalt gehabt haben, während die spätere Buchschrift
mit Andeutungen sich begnügte. Ursprünglich mag die Schrift der
Verewigung von Dahingeschiedenen gedient haben, man verehrte deren
Seelen, man brachte sie in Zusammenhang mit der Götterwelt, die
Zeichen mußten also dauerhaft sein. So wird man es wohl begreiflich finden, daß der Ursprung der Schrift, die zuerst nur aus
Weihezeichen bestand, für göttlich angesehen wurde. Geiger erinnert
an das semitische taw, woraus das griechische tau hervorgegangen,
was eigentlich Schriftzeichen bedeutet; es muß demnach, als die
Schrift entstand, als ein auf einen Gegenstand eingezeichnetes Merkmal schon bekannt gewesen sein. Manche Spuren scheinen darauf
zu leiten, daß es bei vielen Völkern der Urzeit, Semiten wie Ger-
manen, als Unterschrift gedient, dieselbe ersetzt zu haben scheint;
auch mag es den vor Gericht Geforderten bezeichnet haben. Dem
jüdischen Hohenpriester wurde, wie die Mischna an mehreren Stellen
sagt, ein dem griechischen Chi ähnliches Zeichen bei der Salbung
an die Stirne gezeichnet; dies würde ganz der phönizischen Gestalt
des taw, welches uns zwei einander kreuzende Balken zeigt, entsprechen. Es wäre dies das allgemeine Weihezeichen, was etwa die
vier Himmelsgegenden bedeuten sollte. Der Schrift voran ging das
Tättowiren, das Einritzen von Zeichen in die eigene Haut, wovon
der Ausdruck für schreiben abgeleitet scheint, so hat das hebräische
kathab in ketobeth kaákaá dem Einritzen in die Haut
einen uralten Vorgänger, und das griechische stízo heißt auch tättowiren. Noch heute werden bei wilden Völkern in dieser Weise
die Zeichen der Strafe, des Adels, des Stammesunterschiedes gegeben, die, wie jeder menschliche Schmuck, anfangs mit dem Heilig-
thume in Zusammenhang standen. Noch heute zeichnet man bei
jenen Völkern in Ermangelung eines handgreiflichen Namenszuges
das Hautzeichen des Verstorbenen auf den Grabstein, das vertritt

sein Bild und vergegenwärtigt seinen Namen; wir hätten hier also
die Urschrift vor uns. Solche Zeichen verliehen die Wilden auch
ihren Thüren und Rudern. All das sehen wir von der Hautschrift
ausgehen, die wieder von der thierischen Thätigkeit des Kratzens sich
herschrieb. In dieser Hautschrift vereinte sich ein Eingraben und
ein Färben, so daß die Begriffe des Schreibens und des Malens
zwanglos in einem Worte erscheinen konnten. Die Schrift ging
demnach von der eigenen Haut auf das Thierfell über, auf die
Holzrinde, den Felsen, das heilige Grabgemälde, das die Namen
und Thaten der Vorwelt wahren soll. Gab es zuerst eben so viele
bildliche Zeichen, wie die Sprache Begriffe aufzuweisen hatte, so
blieben sie nachher, womöglich in Folge andeutender Schrift,
als unendlich viele Lautzeichen bestehen, bis sie im Laufe der Zeiten
mit nach und nach zu so wenigen Schriftzeichen sich verminderte,
was durch Vereinigung ähnlicher Laute vor sich ging, daß sie durch
ihre weise Sparsamkeit den Denker zur höchsten Bewunderung hin=
reißen und uns selbständig, ohne Hilfe des Sprechers, Kunde von
der fernsten Vorzeit zubringen. Hiemit wäre Geiger's Ansicht vom
Ursprunge der Schrift und zugleich der ersten Ursache absichtsvollen
Färbens dargelegt.

Betrachten wir nun mit ihm die Entwickelung der Kleidung,
die den Menschen jedenfalls schon sehr früh vom Thiere unterschied,
so scheint es gerade deßhalb unmöglich, auf eine thierische Thätigkeit
zurückzugehen, die dem Begriffe des Bekleidens hätte zum Vorbilde
dienen können. Sonderbar nimmt es sich dabei aus, wenn schon
der ursprünglichste Sprachzustand, der von keinem Kleide etwas
wußte, einen Abdruck für das Fehlen der Gewandung, für nackt,
besitzt. Zwar kann das von vorn herein nicht darauf beruhen,
daß man die Abwesenheit des Kleides bemerkt hätte, es wird sich
vielmehr auf das Fehlen von Haut und Haar beziehen. Die
Bezeichnungen für nackt wird man in vielen Sprachen auf Fell
zurückführen können, ein Begriff, welcher, wie schon gezeigt, erst durch
das Enthäuten zu Tage kommen kann. Es weist uns auch hier
Alles auf die so weittragenden Urbegriffe des Schindens und Rupfens
zurück. So deuten die hebräischen Worte árom nackt, galud ent=
blößt, árár verlassen auf geled und ör, Fell und Haut
zurück, galach scheeren, karach kahl, galah entblößen,
offenbaren; hier sind wir wieder bei kará zerreißen, bei

karkar vernichten, zermalmen, schaben angelangt, géled
führt auf cheled Erdoberfläche hin, ör auf arä Erde zurück.
und selbst terra ist mit teiro reiben, mit déro abziehen in
Zusammenhang zu bringen. Und das Bekleiden scheint von
vornherein, wie das lateinische induo beweist, mit imbuo und dem
griechischen dýo untertauchen zusammenzuhängen, so daß das Ein-
dringen des menschlichen Körpers ins Wasser oder in weiche, fär-
bende Massen die ursprüngliche Anschauung des Bedecktseins hervorgerufen haben mag.

Blicken wir auf die Verhältnisse der Nahrung zurück, so wird
es wohl ziemlich überflüssig sein, hinzuzufügen, daß die sprachlichen
Bezeichnungen der Urzeit Ausdrücke für künstliche Zubereitungen
nicht umfassen. Erdlöcher machten die Töpfe, wenigstens kommen
wir von dem Worte kedérah Topf, keli Gefäß, keárah
Schaale immer wieder zu jenem Urbegriffe, welcher in kr ein
Reißen, Ritzen, in chr, chl ein Höhlen bedeutet; Steine
mußten als Heerde dienen, der Bratspieß tritt schon früh hervor,
jedoch das Kochen im Wasser kennt die Sprache erst später, und
die Bezeichnung dafür ist bei manchen Stämmen als Fremdwort
entlehnt worden. Die Semiten kennen verschiedene Ausdrücke für
kochen und braten, zalah und baschal, bei Ersterem findet sich
zeli ésch im Feuer gebraten, beim zweiten Worte mebuschal
bamajim im Wasser gekocht, und diese Zusätze ésch und
majim beweisen, daß jene Worte doch nicht bezeichnend genug waren,
um die Unterschiede des Kochens und Bratens allein merken
zu lassen. Bei andern Sprachstämmen sind beide Thätigkeiten
durch dasselbe Wort benannt. Findet man nun oft für die Thätigkeit des Kochens und für das Reifen der Früchte nur ein Wort
gebraucht, so liegt beiden Begriffen die Bedeutung des Erweichens,
des Zarten und Mürben zu Grunde. Im Griechischen heißt pésso
kochen und reif machen, bei uns ist braten, Brot, brennen,
brühen lautlich einander zu ähnlich, als daß diese Ergebnisse des
Feuers, sowie der Sonnenhitze nicht mit verwandten Worten bezeichnet werden sollten. Das hebräische baschal kochen heißt ebensowohl reifen, bassar Fleisch des Thieres, bösser schlechte
Trauben sind hierauf zurückzuführen, báthar und wathar
schneiden stehen sicher nicht fern; und von zalah braten gelangen wir schnell zu den Stämmen schl, sl, zl, die in unzähligen

Worten ein Zerdrücken, Mürbemachen kennzeichnen, sogar
tholaáth der Wurm, thalá lathá beißen gehört hierher. Somit
sehen wir die erste Speise nicht kunstgemäß zubereitet, vielmehr wie die
Benennung ihres Bereitens zeigt, ist das Vorhandene, wie es sich dar-
bot, benutzt worden. Aus dem allgemeinen Ausdrucke für Speise,
die dem Begriffe des rohen Fleisches oder der Pflanze entnommen
scheint, kommt mit der Zeit die Sonderung der Getreidearten her,
sodann geht die Benennung auf etwas ganz Besonderes, etwas Be-
reitetes, das Brot über. Sitos hieß im Griechischen früher Speise
im Allgemeinen, das verhängnißvolle parásitos, Schmarotzer,
beweist es; es diente dann zur Bezeichnung von Getreide, weiterhin von Weizen allein, bis es endlich dem kunstgemäß Be-
reiteten zur Benennung diente, dem Brode. Lechem im Hebräischen hat einen ähnlichen Weg zurückgelegt, von dem allgemeinen
Begriffe der Speise zu dem besondern des Brodes. Daß dies
spät geschehen sein muß, sehen wir aus dem Umstande, daß bei
manchen Völkern, die früher den Brei zur Hauptspeise hatten, ein
und derselbe Ausdruck den Stampfer in seiner allmäligen Umwandlung zum kunstgemäßen Müller und später zum Bäcker begleitet; so
wird uns aus der Kaiserzeit von Plinius noch berichtet, und an
dem Worte pistor ging die Umwandlung vor sich. Die Urworte
für speisen haben Verwandtschaft mit zerfleischen, zermalmen, davon kommt selbst der Begriff des dem Messer Ver-
fallenen, des Getödteten her. Daraus wird uns erklärlich
werden, wie caro im Lateinischen sowohl das Aas, wie das Fleisch
als menschliche Nahrung bedeutet, bassar im Hebräischen kommt von
bathar zerstückeln, wie oben gezeigt, scheör ebenfalls Fleisch,
Verwandtschaft, hängt mit schaar das Übrige zusammen, wie
jenes bathar und wathar zerschneiden mit jether das Übrige,
eigentlich wohl Übriggelassene. Söma im Griechischen heißt
sowohl Leib, wie Leiche, und diese deutschen Worte bedeuteten
einst den lebenden Körper; von söma kommen wir zu den schon
oben angegebenen Ausdrücken des Zermalmens; path Brot im
Hebräischen kommt von pathath zerstückeln, basá zerreißen,
pezá verwunden leiten denselben Weg. Der Metzger trägt seinen
Namen in vielen Sprachen vom Zerbeißen durch Zähne.
Selbst im Deutschen ist Meißel, Steinmetz ihm verwandt,
Messer, meat, im Englischen Fleisch, laniator Fleischer von

laniare zerfleischen; und das hebräische maakeleth Messer,
wenn es auch von akal essen herkommt, soll keineswegs, wie schon
Mancher wollte, das Werkzeug unseres Essens sein, sondern nur das
Fleischzehrende, das Zerfleischende, wird auch hauptsäch=
lich für Schlachtmesser gebraucht. Das läßt deutlich genug
auf die Grundanschauung zurückblicken, der unsere so verzweigten
Benennungen für Speisen und deren Bereitung entnommen sind.

Nun zur Wohnung des Menschen. Sie geht nicht ihrem Be=
griffe nach vom Bauen aus, wie man erwarten könnte, sondern
umgekehrt hängt diese Thätigkeit mit wohnen zusammen, sogar
mit dem Werden und Entstehen der Pflanzen, so daß ja das Land
bebauen und es bewohnen fast überall gleiche Ausdrücke haben.
So zeigt es sich uns bei dem Zeitworte colere, wovon sowohl
agricola der Landmann, Landbebauer, wie incola der Ein=
wohner herkommt, dasselbe Wort, was in cultura, cultus, co-
lonia, colonus der Entwickelung der Menschheit und dem Wachsen
ihres Geistes so wichtig geworden ist. Ein Zusammensein von
Menschen scheint vorausgesetzt werden zu müssen, und daher kam
wohl erst der Begriff wohnen her; man weiß wohl, was man
von immerher unter dem Hause des Pelops verstanden hat,
bevor das Wort Haus als Bezeichnung irgend einer Wohnung
diente. Sowie also das gebaute Haus seine Bezeichnung der
Familie entlehnt hat, so ist in manchen Sprachen das Wort Erde
vom Menschen abgeleitet. Das hebräische ohel Zelt bedeutet
im verwandten arabischen Worte Familie, beth hat in der Urzeit
nur den Begriff der verwandtschaftlichen Gemeinschaft,
bis es später ein gebautes Haus bezeichnet; humus, Erde,
kommt ebenso von homo, wie das hebräische adamah von adam
sich herleitet. Vom einzelnen Hause leitet die vergleichende Sprach=
wissenschaft die Bezeichnungen des Dorfes, des Fleckens, der Stadt,
auch des Herrn und Eigenthümers, sowie des Stammes her, dem
er gebietet. Mit oïkos, was im Griechischen Haus bedeutet, hängt
vicus, das Stadtviertel und villa das Landgut zusammen;
die Ortsnamen auf wig, die slavische Endung wice weisen auch
auf die Urbedeutung Haus hin. Daß herrschen und bändigen
ebenso damit zusammenhängt, wie bauen und zimmern, daß es vom
Volke den Übergang zum Vaterlande gestattet, wird wohl wie von
selbst hervorgehen. Domare bändigen scheint mit domus Haus

verwandt, und von da können wir leicht zu dominus Herr gelangen; unser zimmern ist wohl von gleichem Stamme, wie im Hebräischen banah bauen das Grundwort von beth Haus ist; aber es muß dies von vornherein kein Bauen in unserm Sinne gewesen sein, wenn ben der Sohn und bath, ursprünglich benath die Tochter doch das Ergebniß dieses Bauens auch sprachlich bezeichnen. Vom griechischen démö bändigen kommen wir auch zu dómos, döma, das Haus, vielleicht läßt sich hier ein Übergang zu démos Volk entdecken, und da wären wir schon mitten im staatlichen Leben der Menschheit. Der Grundbegriff von alledem ist weilen und wachsen, während ohne Voraussetzung des Menschen als Bewohner das Feld ursprünglich Wüste und der Acker Wildniß war, was ihre Namen beweisen; der waldleere Platz ward zum Dorfe, welches ebenso wie Stadt vom Umherschwärmen der Bewohner den Namen trägt. Fyö, im Griechischen wachsen lassen, hervortreiben, heißt auch werden, sein, daher scheint hyios Sohn zu kommen, (lateinisch filius) auch fýlö der Stamm, vielleicht gehört auch pólis die Stadt zu demselben Wortkreise; so heißt im Hebräischen dur weilen, dir der Stall, eigentlich die Hürde, später die Wohnung, und dör ist das Geschlecht, ursprünglich die Familie, welche weilte, und durch deren Anwesenheit die Öde zur Wohnung wurde; späterhin wird aus Geschlecht der Begriff des Lebensalters, des Zeitalters, und mit Verdopplung dor dor bezeichnete man eine endlose Zeit, die Ewigkeit. Auf ganz ähnliche Weise entstand ôlam die ewige Zeit, woraus nachher die Welt wurde, bis man endlich darunter wieder die Leute, tout le monde, wie der Franzose sagt, verstand und das Wort so zu seinem Urbegriffe zurückkehrte. Bevor beständig Menschen an einem Orte weilen, ist derselbe ágrios unangebaut, wild, wie im Hebräischen midbar Wüste einen Ort bezeichnet, über welchen man das Vieh nur hinwegtreibt, ohne dort zu weilen. Entsteht auch nur eine Umhegung, so zeigen uns das englische town, die sowohl slavische, wie germanische Endung gorod, grad, daß wir bereits einen ständigen Aufenthaltsort für Menschen, eine Stadt vor uns haben. Das hebräische îr und kirja, aramäisch kartha, Stadt, hängt ebenfalls innig mit kir Wand zusammen, und kir Moab ist ein aus der Bibel wohl bekannter Ort. Ein Zaun, eine Umfriedigung

macht erst den von Menschen bebauten Garten aus im Gegensatz
zur herrenlosen Trift, macht die Stadt in ihrem sichern Zustande
zum Gegensatze des planlosen Umherstreifens in der Wüste. So
zeigt uns die sich fortentwickelnde Sprache, daß der Mensch zuerst
planlos und wohnungslos, doch schon im Zusammenhange mit seiner
Familie, umhergestreift, daß ihm ein fester Wohnsitz erst sehr spät
wünschenswerth schien, bis es ihn dazu treibt, auf diesem Grunde
Städte zu gründen und Staaten zu erbauen.

Hat uns die Sprache bis hierher bei Untersuchung der äußern
menschheitlichen Zustände beigestanden, uns die immer weitere Benutzung aufgefundener Vortheile und die daraus sich herschreibende
immer höhere Behaglichkeit des Lebens gezeigt, so werden wir wohl
genug vom Urmenschen gehört haben, um ihm keinen zarten Sinn
für die Schönheiten der ihn umgebenden Schöpfung zuzumuthen,
wie eine gewisse Dichtungsart uns von einem goldenen Zeitalter
vorgegaukelt. Die einfache Wahrnehmung, nicht die Empfindung schafft die ersten sprachlichen Bezeichnungen für die
Eigenschaften der Dinge. Mag etwas uns schön oder häßlich,
anziehend oder abstoßend vorkommen — die ursprüngliche Sprache
hat für diese Begriffe gar keine bezeichnenden Ausdrücke. Die Früchte
werden durchaus nicht von schmecken oder essen, sondern nach
der Art ihres Wachsens benannt, weil sie allein von dieser Seite
sich der Wahrnehmung bieten. Die Bezeichnung des Weines wäre
immer eher noch von Weidenzweigen, die mit flechten verwandt
sind, herzuleiten, als etwa von lieblich, wenn das Wort überhaupt indogermanischen und nicht semitischen Ursprungs wäre. Es
ließe sich ja vinum mit vitis Rebe und dieses mit vitex Weide
verwandt bezeichnen, und die letzten beiden Worte hängen, wie oben
gezeigt, mit den Begriffen des Webens und Flechtens zusammen. Von vinum und oinos, was im Griechischen Wein
bedeutet, läßt sich durch das arabische vajnun zum hebräischen jajin
eine Brücke schlagen und somit die Verbindung dieses Wortkreises
mit einem ganz anderen Sprachstamme anbahnen; ein anderes
hebräisches Wort jawan, Koth, zeigt eine unverkennbare Verwandtschaft mit jajin, und chamar, eine andere Bezeichnung für Wein,
zeigt zu chemar Lehm ein ähnliches Verhältniß. Diese letztere
semitische Bezeichnung weist auf Fruchtsaft, auf gegohrenen
Trank, auf Hefe zurück, damit hängt Sauerteig, wegen der

Ähnlichkeit damit auch Lehm, Erdharz zusammen, und diese scheinbar einander so fernliegenden Begriffe schaaren sich sprachlich um die semitischen Worte für Wein. So hat sich, ganz der Anschauung gemäß, die wir dem Urmenschen zutrauen dürfen, aus der schlammigen Erdmasse, die beim Wühlen wie eine gährende Flüssigkeit auf= und niederfuhr, der Begriff des Gährens, des truben Getränkes, dann auch des rothglänzenden, des Weines, entwickelt.

Haben wir nun bisher gemerkt, in wie fruchtbarer Weise Geiger jeden Begriff bis zu einer ursprünglichen, leicht ins Auge fallenden Bewegung zu verfolgen weiß, so frägt es sich nun, ob dies Verfahren da am Platze ist, wo das innere Leben des Menschen, die Entwickelung des Sittenbegriffs in der Sprache, also etwas ganz Unsinnliches betrachtet werden soll?

Die sittliche Empfindung als solche gibt sich von vorn herein in der Sprache nicht kund, als wäre sie ursprünglich dem Gefühle ganz fremd. Obwohl sie sich als Innerliches, von der Außenwelt Unabhängiges ankündigen müßte, knüpft sie ihre sprachliche Erscheinung an etwas äußerlich Gegebenes. Das Gute, dessen Begriff selbst heute noch sehr schwankt und das wir sprachlich zur Bezeichnung der verschiedensten Beziehungen brauchen, kommt aus dem Angenehmen, Nützlichen, Tüchtigen, Starken her, also aus Grundbedeutungen, die mit dem sittlichen Gefühl sehr wenig zusammenhängen, ihm nur sehr bedingungsweise angehören. Milde hat ursprünglich durchaus keinen lobenden Beigeschmack, es kommt vielmehr von weich, zart, reif her, was sich wieder auf morsch, faul zurückführen läßt, also auf Grundanschauungen, die einen Ausgangspunkt für den Begriff des Schlechten bilden. Denn so wie das Gute ursprünglich das Starke war, so muß das Schlechte aus dem Gegentheil sich entwickelt haben, und der läßt zum körperlich Festen sich leicht entdecken. Wie nun grausam in Entwickelung und Begriff den Gegensatz zu milde bietet, so muß es zuerst das Harte, Unreife, Rohe bezeichnen. Jenachdem es nun der Sprachgebrauch und die Begriffsentwickelung zugelassen, ist aus zerdrücken und erweichen das Gute im Sinne des Milden, das Üble als Ausfluß des Schwachen hervorgetreten, und so kann es recht wohl der Fall sein, daß malus und melior aus einer Grundanschauung sich herleiten, mollis heißt

weichlich, also zart mit tadelndem Beigeschmack, und wir haben
schon oben Geiger's Auffassung gegeben, wonach diese Begriffe sich
von zermahlen und zerreiben herleiten lassen, wogegen crudelis
grausam von crudus hart herkommt, und unser roh hat ja
auch einen Doppelbegriff, der sowohl auf Härte des Sinnes, auf
Empfindungslosigkeit, wie auf Härte eines Körpers, und zwar einer
nicht gekochten Masse hinüberleitet. Selbst Blindheit und
Feigheit nehmen dorther ihren Ursprung, letztere mit dem einst
lobenden Sinn der Feigheit, die schließlich zur Bezeichnung der
Furcht wird; milde in unserm lobenden Sinne läßt sich mit
den zahlreichen Wörtern des Stammes brd und bld in Beziehung
bringen, so mit dem griechischen bradys träge, langsam, wir
zeigten schon oben das Verhältniß dieser Begriffe zu rösten, braten,
Brod, Wildbret, aber auch blöde, das englische blunt dumm
lassen sich bis zu dem Urbegriffe körperlicher Weichheit und Wider-
standslosigkeit verfolgen, auch das Flüssige hängt hiermit zusammen,
und selbst Blut würde hier anzureihen sein. Wer dies für gewagt hält, der möge an die Stämme auf fl denken, die in fluvius,
fluo ein Fließen bedeuten, und an das hebräische, wo lach feucht
mit rak zart als verwandt sich erklären läßt. Verkommen,
sterben, tödten haben hier ihre Grundanschauungen, wie uns
im Englischen starve verschmachten zeigt und unser damit verwandtes Darben, Verderben; Ohrfeige ist bei uns nur
noch ein Schlag an's Ohr, einst bedeutete aber veigen tödten,
also eigentlich doch Jemanden feige machen, d. h. körperlich erdrücken, wie wir noch einen Feind windelweich
schlagen.

Das sittlich Schlechte bezeichnete zuerst eine unglückliche
Lage, wie man daraus ersieht, daß Unrecht und Unglück in
manchen Sprachen einen Ausdruck haben, wie âmal im Hebräischen, der Schurke auch bei uns Elender angeredet wird,
beim erregten Franzosen misérable heißt. Und zwar kommt es
nicht daher, weil das Unglück Schmerz bereitet und dem Gefühle
des damit Behafteten als schlecht vorkommt — die Sprache hat es,
wie schon gesagt, in ihrem Urzustande nicht mit Empfindungen,
sondern mit Wahrnehmungen zu thun; vielmehr scheint eine
körperliche Schadhaftigkeit zur Grundanschauung des sittlichen
Übels zu dienen. Das hebräische râ böse kommt von râa brechen

und gehört zu dem großen Wörterkreise des rk-Stammes; dem entspricht auch die augenscheinliche Herkunft des aramäischen beesch schlecht sein, bisch böse, krank, denn baasch bedeutet im Hebräischen verfaulen. Die Urzeit kennt keinen sittlichen Unterschied zwischen Todschlag und Mord, sondern beides hat zur Grundbedeutung Schlacht von schlachten. Kämpfen hängt sprachlich mit zanken zusammen, Tödtung mit Schaden, darum heißt nex Tod und Verlust, im Griechischen neikos Streit und wahrscheinlich davon nikē Sieg als Ergebniß des Kampfes, und auch nekrós der Todte mag hierher gehören. Dies Alles kommt von mürbe machen, verkommen her, woraus sich wieder sterben ableiten läßt. Wer solche Ableitungen mit Mißtrauen betrachtet, wird im Hebräischen bei muth sterben, meth der Todte bald auf eine Herleitung aus dem Begriffe des Pressens, Aussaugens, Zerdrückens kommen. Dann auch mazah der Streit scheint herzugehören, mazaz bedeutet Auspressen, masmas im Neuhebräischen das Schwinden der körperlichen Säfte, namas zerschmilzen. Auch schachat schlachten hängt mit ssachat ausdrücken, z. B. Traubensaft, zusammen. Der Grieche besitzt für sterben kein selbständiges Wort, er kann es nur durch die Leideform von tödten ausdrücken; was wäre denn thnēskō sonst? Erst viel später macht sich ein Unterschied zwischen Schlag, Todschlag und Mord geltend, sowie zwischen dem Mörder und dem gerichtlichen Henker. Caedere, occidere bieten uns den allgemeinen Begriff des Tödtens; davon abgeleitet ist caedes die Tödtung des Feindes in der Schlacht, während homicidium Mord bedeutet. Im Hebräischen steht neben makeh nephesch dem Todschläger rozeach der Mörder. Während der Grieche apokteinein tödten selbst vom Henker aussagte, hat die spätere Zeit dafür die Ausdrücke hinrichten, exécuter, exécution geschaffen, und necare hatte ja auch diesen Begriff. Dem Urmenschen diente eben dasjenige, was als Erscheinung sich von einander nicht unterschied, als Gegenstand eines Begriffes, einer sprachlichen Bezeichnung, wogegen die Eindrücke, die diese Thatsachen auf das Gemüth machen, also die verschiedenen sittlich-guten, -übeln oder zufälligen Beweggründe von der Sprache begreiflicherweise unberücksichtigt blieben. Später aber wuchs das Bewußtsein dieser Gegensätze zugleich mit der geistigen

Fähigkeit und das sittliche Gefühl schuf nun Benennungen für die
entdeckten Gegensätze.

Wir verstehen unter Schande entweder ein Verhältniß, das
den davon Betroffenen vor der öffentlichen Meinung gebrandmarkt
dastehen, oder das Ehrgefühl, das den Menschen des Erröthens
fähig sein läßt; als Laster stellt sich uns ein Makel des Geistes
oder des Gemüthes dar. Verfolgen wir diese so geistig scheinenden
Begriffe, so stellen sie sich als von körperlichen Anschauungen erzeugt
heraus. Und zwar hat man, aus oben angeführten Gründen, darunter nicht etwa eine Bezeichnung für die Empfindung des Ekels
zu verstehen, die eine körperliche Schadhaftigkeit im Beschauer her-
vorruft, sondern die sichtbare Verletzung der Haut von
außen her ist der Grundbegriff. Schimpf hängt mit be-
leidigen zusammen, aber ohne sittliche Nebenbeziehung, denn
diesem Wort liegt wieder der Begriff der körperlichen Verletzung zu
Grunde; wir selbst hören im Volksmunde noch von einer Körper-
verschändung reden. Selbst Makel, beflecken und ähnliche
Worte, die von uns auf's Geistige übertragen worden sind, bedeuten
ursprünglich nicht das Unreine, sondern das Schadhafte.
Mager ist wohl von maculum nicht sehr zu trennen, und eine
Sache flicken heißt doch nur ihre Mängel ausbessern. Unser Fehler
faute, fault führen denselben Weg. Jenes oben bezeichnete râa,
wovon râ böse kommt, heißt in razaz ritzen, die Haut ver-
letzen; bus verachten kommt gewiß von dem Stamme basá
zersetzen her, und bisah heißt die Beute, basas erbeuten
aus demselben Stamme. Blicken wir auf den Begriff der Lüge,
so werden wir nach allem Vorbemerkten wohl kaum erwarten, daß
sie als etwas sittlich Verwerfliches sich in der Urzeit geltend mache.
Betrug hängt mit Kränkung und Beschädigung zusammen,
trägt also zuerst noch nicht sein dunkel bergendes Gewand, sondern
scheint mit offener Gewalt verbindbar zu sein; im Hebräischen steht
ârmah List mit arum nackt in Verbindung, und wir haben bereits gezeigt, daß entblößen von Hautabziehen herkommt;
Betrug ist durch die Sanskritwurzel druh dem griechischen trýchō
belästigen und aufreiben nahezubringen. Lügen und irren,
die absichtliche und die unwillkürliche Entstellung der
Wahrheit haben ursprünglich ein Wort; da sie mit zuflüstern verwandt sind, so deuten sie nur ein Verbergen der Wahrheit,

keine Erfindungen an; das so berühmt gewordene griechische
pseūdos, Lüge, Irrthum, psýthos Verläumdung ist mit
psythyrizo flüstern verwandt, im Grunde wäre dies ein Ver=
heimlichen der Wahrheit; das hebräische kischech läugnen be=
deutet eigentlich verschwinden lassen, denn es wird auch von
der Vernichtung der Feinde gebraucht, und kachusch heißt mager,
kasab ist, wie sich nachweisen läßt, durch den Begriff des Nich=
tigen und Elenden gegangen, und selbst lügen, slavisch lyg, mag
von Loch, griechisch lochos Versteck nicht zu weit entfernt sein.
Die Wahrheit selbst trägt ihren Namen von der Hüllenlosigkeit, mit
der sie sich zeigen darf; außerdem ist sie verwandt mit dem Be=
griffskreise des Festen, Starken, Dauernden, des unver=
brüchlichen Bündnisses. Aléthēs, im Griechischen wahr, kommt
lantháno verbergen, welches durch ein vorangehendes a hier zum
Begriffe des Unverhüllten wird. Emeth, der hebräische Aus=
druck dafür, heißt in emunah Festigkeit, neēman bedeutet
bewährt und treu; von einer Wahrheit, die der Wirklichkeit der
Ereignisse entspricht und den Gegensatz zur Lüge bildet, ist in diesem
Worte Nichts zu suchen und hat die Sprache andere Wörter dafür.
Dem englischen true wahr entspricht unser treu, und wahr
steht mit Wehre in inniger Verbindung; im Englischen ist war
der Kampf, wir selbst kennen den Städtenamen Warburg;
im Althochdeutschen heißt wara Bündniß, demnach hängt auch
hier Treue, Unerschrockenheit und Kraft mit Wahrheit zusammen.
Diese Begriffe sind anschaulich und dem bewegten Leben angehörig,
daher wir sie auch für die ältern zu halten berechtigt sind. Hier=
her gehört demgemäß auch das Vertrauen, das man in die
Treue Anderer setzt, auch das Selbstvertrauen, die Sicher=
heit in der Gefahr, schließlich körperliche Kraft und
Festigkeit; die Lüge dagegen hängt genau mit den entgegen=
gesetzten Anschauungen des Schwachen und Schwankenden
zusammen. So entwickeln sich Begriffe von höchster, allgemeinster
Wichtigkeit, die mit nach und nach die Kraft der Neigungen und
Abneigungen siegreich überwinden, wie die Wahrheit, aus der
Grundanschauung des körperlich Derben und Festen, und schließlich
bezeichnen sie die höchsten Ziele menschlicher Sittlichkeitslehre und
zugleich menschlicher Geistesbestrebungen, indem sie Tausenden zum
leitenden Banner werden.

Geht unsere Betrachtung nun auf die gesellschaftlichen Unter=
schiede des Standes und des Vermögens über, so finden wir, daß
dieselben nach unsern Anschauungen nicht vorhanden waren. Arm
heißt ursprünglich nicht vermögenslos, sondern körperlich=
schwach und darbend. Am Unterschiede des Besitzes konnten
sich die Gegensätze schwer zeigen, weil die Grundlage derselben, die
Arbeit, ursprünglich sich keiner Werthschätzung zu erfreuen hatte.
Wenn arbeiten und leiden sich mühen und sich beküm=
mern, Bemühung und Kummer ursprünglich zusammen=
fallen, so wird unser Blick nach einer ganz andern Richtung gelenkt.
Laufen wir die ganze Begriffsreihe durch, so wird sich uns mit
staunenswerther Beharrlichkeit das arbeitsame Streben nicht mit Be=
zeichnungen kräftigen und freudigen Wirkens verwandt zeigen, sondern
mit denen des Schmerzes, des Hungers, des Herzeleids, der körper=
lichen Vernichtung. Aus der griechischen Wurzel pen, wovon auch
ponērós schlecht stammt, kommt penía, Arbeit und Armuth.
Ausgegangen von ponéō der Verletzung des Holzes, durch
ponērós hindurch, kommt man zum Begriffe des Leidens, pónos
ist die körperliche Mühe, und in pénomai gelangen wir zur
Anschauung des Arbeitens. Aus dem lateinischen poena, Strafe,
Buße, hat sich peine Mühe, Schmerz und unser Pein ent=
wickelt. Laboro heißt sowohl arbeiten wie leiden, und bei
uns selbst ist Sorge die Grundempfindung sowohl des Thätigen
wie des Leidenden. Außerdem ist die Arbeit unzertrennlich von
den Anschauungen sklavischen Dienens, weil, als sie in bewußter
Weise benutzt wurde, die Stände sich schon als unthätige Herren
und als zum Wirken verdammte Sklaven festgesetzt hatten. Im
Chaldäischen heißt ábad thun, auf hebräisch bedeutet derselbe
Stamm die Thätigkeit des Dienenden und ébed ist Sklave.
Vorher ist alles Erwerben und Erringen sprachlich als ermüdender
Kampf aufgefaßt worden, und ist nicht nur die Arbeit, sondern
auch deren Erfolg nach der körperlichen Mattigkeit benannt worden.
Sogar der Tod und die mit ihm zusammenhängenden Zustände sind
sprachlich diesem Begriffskreise entnommen; kámnō bedeutet im
Griechischen zunächst müde werden, später sich bemühen, ar=
beiten, kámatos Anstrengung, Arbeit und Ertrag der=
selben, so geht es dem hebräischen ámal ebenfalls, unser Werk
kommt von wirken und wir nennen es auch unsere Arbeit.

Eben dies hebräische āmal läßt sich auf umlal müde und well zurückführen, es bezeichnet in chamal bereits das Mitleid über einen Schmerz, neben sich hat es den Begriff des Unrechts, und so kommen wir hier von der Körperverletzung bis zu dem wichtigen Begriffe der Arbeit, die den Menschen ehrt. Methukah schenat haóbed füß ist das Jahr des Arbeiters sagt Koheleth, hier ganz mit unserer Weltauffassung übereinstimmend. Ermattung, das Erliegen im heftigen Kampfe, vernichtet und verdorben werden sind hier die grundlegenden Anschauungen, sie gehören jedenfalls zu den herrschenden Zuständen jener Urzeit, sie mögen nicht nur selbst das erste Wirken umfaßt, sondern auch zur weitern Arbeit und zum Daseinskampfe angeregt haben.

Unserm Denken, das wollen diese Angaben beweisen, unserm Fühlen stand die Urwelt so erstaunlich fern, daß die einfachsten unserer Begriffe und sittlichen Anschauungen erst als Erzeugnisse weiter fortgeschrittener Verhältnisse von uns aufgefaßt werden können. Aber Geiger führt uns noch weiter, indem er zeigen will, wie der Mensch auch äußerlich rücksichtlich seiner Gestalt, sich zu seinem Vortheile verwandelt hat. Zwar liegen die hierauf bezüglichen Vorgänge zu weit vor den Anfängen der Sprache, um darin völlig festgehalten zu sein und völlig zureichende Zeugnisse hinterlassen haben zu können; aber dennoch zeichnen sich die letzten Wandlungen nach Geiger's Ansicht noch innerhalb der Sprache ab. Man findet in gewissen Urworten den Unterschied zwischen thierischen und menschlichen Körpertheilen gar nicht angedeutet, woraus Geiger folgern zu können glaubt, daß ein so bedeutender Gegensatz, wie wir ihn jetzt schon äußerlich zwischen Mensch und Thier finden, damals nicht geherrscht haben mag. Wenn das Wort für Stirne auch Augenbraue bedeutet, und ursprünglich nur dies und nichts Anderes, und dabei nicht etwa die Haare, sondern die längliche Erhöhung des Augenbackenknochens, wenn die Stirne oft als oberes Augenlid oder als Ort zwischen den Augen bezeichnet wird, wenn sie außerdem der zusammengesetzten Bezeichnung Vorderkopf bedarf, so ist das nur dadurch zu erklären, daß eine Stirne in jetzigem Sinne, steil und felsig hervortretend, zur Zeit der Sprachwerdung sich noch nicht gezeigt hatte. Ein allgemeines Wort für Stirne findet sich nämlich in den Schwestersprachen eines Stammes nicht, frons heißt eigentlich Braue, brow

sowohl Braue als Stirne, und frown zürnen bestätigen diese
Vermuthungen, auch Braue selbst, das zeigt uns das griechische
ophrýs, was eigentlich Hügel heißt, wenigstens bedeutet ophrýs
psámmos die Sandhöhe; somit scheint die Erhöhung des Augen-
brauenknochens, ganz abgesehen von dessen Haaren, zu Grunde
gelegen zu haben. Auch das hebräische gaboth énajim Augenbraue läßt sich auf gab Rücken, auf gibeáh Höhe zurückführen; da gabachath der Vorderkopf ist, so würde für die
semitischen Sprachen die Einheit von Braue und Vorderkopf
hergestellt sein und zwar ist dieser gewöhnlich behaart gewesen.
Forehead, im Englischen Stirne, ist eigentlich auch Vorderkopf, dem griechischen métōpon entspricht das hebräische bēn
énecha zwischen deinen Augen, eigentlich an deiner
Stirne, und zwar ist das nach der Überlieferung der Ort, wo
das Haupthaar beginnt. Diese Beobachtungen führen Geiger zu dem
Schlusse, ursprünglich habe schon bei den Augen das Haar begonnen,
erst später hätte sich immer mehr die Stirne bemerklich gemacht.
So stellt sich Mund weniger als Oeffnung wie als schnauzartige Spitze dar, welche dem Begriffe des Schmatzens und
Saugens entspricht; wir hören demgemäß in manchen Sprachen von
einem Munde des Schwertes, was soviel wie dessen Spitze
heißen soll, so ist es der Fall mit stóma, so mit dem hebräischen
peh, Mund und Spitze; sie deuten doch auf eine schnauzartige
zugespitzte Öffnung hin, während in ssephathajim, die Lippen, sich
bereits die Anschauung kundgibt, welche den Mund von einem sich
öffnenden Paare umschlossen sieht. Sollte aber dies Alles nur
der Fall sein, weil das Thier, weil dessen Gliedmaßen die Veranlassung zur Benennung menschlicher Körpertheile gegeben, oder sollten
die thierischen Glieder später als die menschlichen und mit denselben
Namen benannt worden sein? Weßhalb wird der Kopf als erstes,
als vorderes Glied betrachtet, ohne zugleich als oberes sich geltend
zu machen? Bildet es doch vielmehr so oft einen Gegensatz zu
Schweif, so daß der Gesetzgeber dem Volke verkündet, es werde
lerósch velō lesanab zum Haupte, nicht zum Schweife werden, das von rösch abgeleitete rischon der Erste zum Gegensatze
nicht den Unteren, sondern den Letzten der Reihenfolge nach, den
hinteren, acharon hat, im Chaldäischen rescha der Anfang,
eigentlich das Haupt, ssēphah der Schluß ist. Sollte das

Haupt dereinst nicht das obere, sondern nur das vordere Glied ge=
wesen sein. Geiger erkennt die Schwierigkeiten auf diesem Gebiete an,
in dem die Sprache sich nur sehr schwer zum Verrathen jener Ur=
geheimnisse wird bringen lassen. Die Sprache könnte uns, wie es
auch immer um die Gestalt des Menschen bestellt gewesen sein mag,
nicht den Zustand der beginnenden, sondern der fast vollendeten
Körperentwickelung zeigen; nur wenige ihrer Bestandtheile würden
den Menschen als Genossen niederer Wesen kennzeichnen, und es
wäre immerhin bedenklich, danach die Linie rückwärts, dem Unbe=
kannten zugerichtet, zu verlängern. Nun wird auch die Wange, in
sehr an das Thierische mahnender Weise, von der Ursprache als ein
Kinnbackenknochen behandelt; so heißt es im Hohenliede lechajajich
deine Wangen, und der Dichter spricht von dem Angesichte seiner
Geliebten; lechi ist an einer Psalmstelle die Backe des Feindes,
dem durch einen Schlag dorthin die Zähne ausgeschlagen werden;
so dient dem Simson lechi hachamôr, der Kinnbackenknochen des
Esels, als treffliche Waffe. Die schon oben besprochene Entwickelung
der Zahlenwelt zeigt uns, daß ursprünglich ein Gegensatz zwischen
Hand und Fuß, zwischen Zehe und Finger nicht betrachtet wurde,
also auch kaum bestand, bis erst später der Fuß zurücktrat und der
Hand die Herrschaft zufiel, der Gegensatz zwischen Daumen und den
anderen Fingern, der Eckzehe und den übrigen Fußzehen sich auf=
hob. Im Griechischen ist cheir Hand und Arm, cheiris Hand=
schuh und Ärmel, bei Homer ist agostos sowohl Handfläche,
wie man es auch auf Arm deutet, so ist auch pūs Fuß und
Schenkel. Im Hebräischen wird jad ausgestreckt, was sich aber
in dieser Redeweise auf Arm, nicht auf Hand beziehen wird.
Selbst im Französischen läßt sich für Finger und Zehen nur
doigt brauchen, und unser Zehe ist aus digitus gekommen, wenn
es auch durch Annäherung wegen der Zehnzahl schließlich zu seiner
jetzigen Gestalt gekommen sein mag. Bohen jad und bohen regel,
Daumen der Hand und Daumen des Fußes sagt der
Hebräer, wo wir große Fußzehe erwarten, das scheint auf einen
Zustand zurückzuweisen, wo Daumen und Fußzehe einen Gegensatz
zu ihren Genossen bildeten. Bei diesen spärlichen und unsichern
Angaben hält die Sprache uns fest, indem sie für weitere Annahmen
nur das unendliche Gebiet kühner Vermuthungen offenläßt.

Was den Farbensinn betrifft, so ist ja die Behauptung Geiger's

5

allgemein bekannt, daß nicht stets alle Farben dem Menschen sichtbar gewesen wären. Im gesammten Schriftthume des Alterthums
vermißt er eine Benennung für blau; selbst in dem Koran ist es
so bestellt; gehört er auch einer späteren Zeit an, so war doch der
Zustand der Araber in jenen Jahrhunderten in vieler Beziehung ein
sehr ursprünglicher. Der Himmel tritt als wolkiger, heiterer, sternen-
reicher, aber nicht als blauer in die Anschauung ein. Das Wort,
das wir mit blau übersetzen, hat in den meisten Sprachen des
Alterthums Beziehungen zur dunkelschwarzen Farbe und wird wohl nur
als eine Abart derselben angesehen; kyáneos, was der Grieche vom
Himmel aussagt, wird nur sehr ungenau mit blau wiedergegeben,
denn dieselbe Farbe soll das Trauergewand haben, und der Stahl, der
nach kyáneos benannt ist, wird durch den Zusatz mélanos als
schwarz gekennzeichnet. Bei Plato soll es dunkelblau bedeuten,
und Aristoteles wendet es zur Bezeichnung des stürmenden Meeres
an; pellós ist vor Allem die bläuliche Blässe der Leiche.
In anderm Zusammenhange wird nämlich dasselbe Wort vom
dunkeln Meere, von stürmenden Wogen, vom dunkelschwarzen Ge-
wande gebraucht; selbst in den Naturschilderungen römischer Dichter
scheint der blaue Himmel fast absichtlich übergangen, caeruleus ist
nicht das Himmelblau, denn auch die Nacht wird damit bezeichnet,
und es hängt mit caesius, dem stechend grünlichen Augen-
grau zusammen. Theokrit und Virgil nennen das Veilchen schwarz,
wogegen Cassiodor den Winter als blau zu bezeichnen scheint. Daraus ersieht Geiger, daß jene Sänger, die den Eindruck der Himmels-
farbe wohl schon zu unterscheiden mußten, in ihrer Sprache noch
keinen Ausdruck dafür hatten. Hätten sie die ihnen zu Gebote
stehenden Beiworte des Himmels angewandt, so wäre viel eher ein
dunkeler, ein wolkiger, ein stürmender Himmel entstanden, als ein
blauer. Bringt man doch im späteren jüdischen Schriftthume die
thekeleth-Farbe sowohl mit dem Meere, als mit dem Himmel in
Verbindung, und wenn Jemand hier an eine heitere Bläue denken
sollte, wird er durch andere Stellen darüber aufgeklärt, daß es auch
mit esseb dem grünen Kraute verglichen werde. Josephus
macht thekeleth zur Hyazinthfarbe, und spätere Erklärer sahen
dieselbe für grün an. Je näher wir ein Volk seinem Urzustande
stehen sehen, — und so manche Stämme befinden sich noch jetzt
darin — desto ferner liegt ihm die Anschauung des Blauen, so

daß diese von allen Farbeneindrücken zuletzt sich geltend zu machen
scheint. Der sprachlich allgemeine Ausdruck dafür ist nach Geiger's
Ansicht erst durch die mittelalterlichen Forschungen über die Himmels-
farbe, von der die Offenbarung Johannis spricht, ausgebildet worden.
Die früheren Benennungen dafür waren theils von Stoffen genommen,
mit denen Färbemittel in Verbindung gebracht wurden, theils drückte
man es durch die Zusammenstellung mit schwarzer Farbe aus.
Wie wenig ursprünglich die Benennung für blau sein kann, zeigt
sich dadurch, daß ähnlich anlautende Wörter in anderen Sprachen
schwarz, weiß, blond, selbst braun bedeuten, so black im
Englischen schwarz, blanc im Französischen weiß.

Ueberhaupt scheint jenes thekeloth, wenn es wirklich einem
blaugefärbten Gegenstande entsprochen hat, mehr den Färbestoff bezeichnet zu haben, und so mag es wohl Wurm bedeuten, wie von
tholá Gewürm die tholáth-Farbe stammt; so finden wir ver-
miglio roth augenscheinlich aus ähnlichem Ursprunge. Wenn im
Hebräischen Zahob gelb bedeutet, so liegt das darin, weil in sahob
Gold, wie im Griechischen chrysós zugleich der Begriff des Gelben
seinen Ursprung hat und davon nicht getrennt gedacht wurde. Jarok
grün ist aus jerek Kraut abzuleiten, nicht aber in dem Sinne,
als wenn eine Uebertragung stattgefunden hätte; die ist im Hebräischen, wie in den altsemitischen Sprachen nicht möglich. Dort
bilden sich nicht durch Zusammensetzung Eigenschaftsworte wie aureus,
argentous, denn solche Endsilben oder gar Vereinigungen mehrerer
Wörter sind dort nicht vorhanden, am Worte selbst geht die Umwandlung vor sich. So hat auch bei diesen Farbenamen keine
Übertragung stattgefunden, vielmehr ist Gegenstand und Farbe als
ein Begriff gefaßt worden. Geht man weiter zurück zur Betrachtung der ältesten Sanskritlieder, die den Göttern geweiht waren, so
findet sich der Himmel noch nicht als sterngeschmückter bezeichnet. Das erste, was man dort unterschied, war „Sonne und
Mond," die beide den Namen Stern führen; von Wettererschei-
nungen tritt hauptsächlich der Donner hervor. Himmel und Erde
selbst stehen in jenen Uranschauungen als ein Elternpaar da, zwischen
beiden dehnt sich das Reich der Luft, deren Benennung mit der des
Himmels fast in eins verschwimmt. Daß von mehreren Himmeln,
mehreren Erden, mehreren Morgenröthen gesprochen wird, erklärt
Geiger zum Theil als mißverstandene Himmelserscheinungen, zum

Theil als Bestreben, durch Verschwommenheit des Ausdrucks erhaben
zu wirken, durch solche Vervielfachung des Wesens und Namens den
Göttern zu schmeicheln. Die Anschauung irgend einer Gottheit ist
überhaupt nicht als bewußte Verkörperung des Vorhandenen anzusehen; die Götter sind vielmehr in der Auffassung des Menschen
selbständige, wirklich außerhalb der Dinge bestehende Wesen. Die
Vielgötterei entsteht nach Geiger's Ansicht aus der vorangehenden
Vorstellung eines einzigen hohen Geistes, dessen verschiedene Namen
mit der Zeit, da man ihre Zusammengehörigkeit vergaß, sich zu verschiedenen Gottheiten umbildeten. Später wurden die Namen wieder
leicht verwechselt und mehrere einer einzigen Göttergestalt zugetheilt.
Darum wäre es nicht unbedenklich, die Götterlehre als bewußte Verkörperung der Außenwelt hinstellen zu wollen. Ihre Anschauungen
und Erscheinungen sind eben denselben Gesetzen unterworfen, nach
denen wir alles Andere sich entwickeln sahen.

Hier befinden wir uns bereits auf einem Gebiete, dessen Er-
schließung kaum als die Aufgabe der Sprachwissenschaft angesehen
werden dürfte. Man wird es uns erlassen, für die Vorgänge in
der Götterlehre fernliegende Beispiele anzugeben; Apollo, der Gott
der Künste, der zugleich Helios, der Sonnengott, ist, Selene, der
Mond, welcher in der spartanischen Helena eine Schwester zu haben
scheint, das Verhältniß, in welchem die Jägerin Artemis zu dem
Lichte der Nacht steht, dann die weitere Entwicklung zur Levana,
der göttlichen Geburtshelferin — diese Beispiele zeigen uns genug,
und die griechische Götterlehre ist ja ein Eigenthum aller Gebildeten.

In den ältesten Zeugnissen menschlichen Geisteslebens und
Empfindens ist also weit weniger bemerkt worden, als wir jetzt
sehen und sprachlich bezeichnen, und viele Wahrnehmungen im Leben
der Außenwelt, wie sie bei uns sich schon der Beobachtung des
Kindes bieten, waren unsern Ahnen völlig unbekannt.

Das Unbewußte, die Bedürfnißlosigkeit bei der Entwickelung.

at uns in Vorgehendem die Sprache als Zeugin für die Urverhältnisse, ja für das Werden der Menschheit gedient, hat Geiger auf diesem Wege die Einzelheiten vor uns entstehen lassen, so wird es wohl Zeit sein, uns nun zu dem Allgemeinen zu wenden, was er daraus folgert.

Wenn man die vorstehenden Auseinandersetzungen in stete Beziehung brachte zu den vorn angegebenen Fragen, so mußte man wohl merken, wie man dem Standpunkte, von welchem dieselben gestellt werden konnten, immer ferner rückte. Die Schallnachahmung, die von einem nothwendig bestimmten Einflusse der Außendinge aus- gegangen sein sollte, wonach ein jeder Gegenstand dem Menschen innerlich tönt, — die Sprache sollte demnach nur die Töne der Dinge enthalten — sehen wir bei den Untersuchungen über die Her- leitung irgend welcher Worte niemals von Geiger berücksichtigt, auch nirgends zur Erklärung nothwendig. Auch von einem Bewußtsein, von einer Berechnung des menschlichen Sprachbildners fand sich keine Spur, als wir an seiner Hand den Worten bei ihren geschichtlichen Wanderungen folgten. Aus der Klarheit der Vorstellungen, aus den scharfgezeichneten Begriffssonderungen, wie sie die Sprache und der Geist der Menschheit jetzt besitzen, bemüht sich Geiger den Weg zurückzufinden, aber er wird dabei, ohne es zu wollen, zu einem Zustande unbestimmter Verschwommenheit geführt, der immer mehr vorzuherrschen scheint, je näher man der Urzeit kommt. Sonst faßte man die Worte als Allgemeines, als Begriff auf, der aber

erst als Ergebniß von Einzelanschauungen hervortritt und eben darum
dieselben in sich enthält.   Aus dunkeln Einzeleindrücken leitet man
die Anschauung her, als wenn unserm Geiste erst die Besonderheiten,
als Blatt, Zweig, Stamm entgegentreten, bis wir dann,
nachdem wir diese Dinge an mehreren Gegenständen vereint sahen,
uns zum Begriffe Baum erheben.   Und diese verallgemeinernde
Kraft sollte später den Menschen dazu befähigt haben, geistige Be=
griffe, wie Weisheit und Gerechtigkeit, von immer größerem
Umfange, immer mehr Einzeldinge umfassend, zu schaffen.   Man
hätte hier nämlich einen sittlichen Begriff im Leben der Menschen
verkörpert gesehen, und die Gesammtheit dieser Erfahrungen trat
dann an einem umfassenden Hauptworte hervor, wie etwa Stolz
oder Demuth, bis man an einer Masse derartiger Eigenschaften
wiederum den umfassenderen Gesammtbegriff der Vollkommen=
heit oder Unvollkommenheit sich klar gemacht hätte. Geiger
sah sich nun veranlaßt, in überraschender Weise Alles umzuwenden.
Die vorgehenden Erklärungen haben gezeigt, daß, je weiter man ein
Wort in die Vergangenheit zurückverfolgt, desto unbestimmter die
Umrisse des davon sprachlich umfaßten Begriffes sind.   Worte, die
wir in Laut und Begriff von einander sondern, sind in jener Urzeit
vereint gewesen; statt der uns geläufigen scharfsondernden Bedeu=
tungen zeigt uns die Urzeit allgemeine, weitumfassende.   Alle Ge=
fäße werden schließlich Höhlungen; das dürfte uns als eine
sehr glückliche Abziehung des Allgemeinbegriffs vorkommen, wenn
uns nicht der Umstand befremdete, daß alle Thätigkeiten schließlich
zum Schaben, Beißen und Wühlen werden.   Weit entfernt
also, anzunehmen, daß der Mensch eine Masse hohler Gegenstände
dieser von ihm bemerkten Eigenschaft wegen so benannt hat, führt
uns Geiger vielmehr zu dem Schlusse, daß aus dem Schaben
und Wühlen sich erst der Begriff des Gehöhlten wie des Gefäßes
selbst entwickelt hätte, und je näher wir unserer Zeit rücken, desto
zahlreicher werden die Namen für Gegenstände, die doch einer und
derselben Bestimmung dienen.   Wenn nun auch alle Thiere, soweit
sie gestaltlich mit einander verwandt sind, ganz richtig umfassende
Gattungsnamen erhalten, so wird es uns doch, wenn wir mit Geiger
überall, also auch hier, einer Entwickelung nachzugehen beab=
sichtigen, nicht beifallen, dies als ein vernunftmäßiges Umfassen des
Verwandten zu Begriffen zu erklären.   Weit entfernt, diese hohe

Fähigkeit an die Spitze der Sprachwerdung zu stellen, brauchen wir uns nur daran zu erinnern, daß wir den Menschen nicht stets in einem Zustande fanden, der ihn dazu befähigte, die Einzelheiten scharf zu sondern, im Ähnlichen das Unähnliche zu bemerken, im Ungleichen das Vergleichbare zum Gegensatze oder zur Ausgleichung gegeneinander zu halten; vielmehr tritt ihm erst das Allgemeine, das Ganze eines Dinges entgegen, erst wenn durch Übung die Sinne sich geschärft, der Sprachlaut das bisher Bemerkte genügend ge= sondert, das umwandelnde Lautgesetz die Sprache an Bestandtheilen bereichert — dabei wandelten auch die Sprachwerkzeuge sich um —, da erst kann sich die Sprache neuer Anschauungen bemächtigen, da erst zieht sie die Besonderheiten in ihren Bezirk und läßt Ähnliches und Unähnliches in seinem Verhältnisse zu einander nicht mehr unberücksichtigt. Die Verallgemeinerung ging unbewußt, geradezu durch Verwechslung der ähnlichen Dinge mit einander, vor sich, wie etwa das Kind in jedem Manne einen Onkel, in jedem Knaben einen Otto sieht, nicht weil es diesen Namen auf andere überträgt, sondern zunächst alle neu ihm entgegentretenden Menschen mit den ihm schon bekannten verwechselt. So ist auch der Begriff Baum entstanden, und für Fisch kennen die ursprünglichsten Sprachen meist nur eine Benennung. Im Griechischen hieß thēr zuerst nur wildes Thier, wie es mit dem deutschen Thier, dem englischen deer auch der Fall war. Wo wir aber ein ursprüngliches Wort für zahmes Vieh vorfinden, was früher unmöglich allen Thieren angehörig gewesen sein kann, da ist es von besitzen herzuleiten. So ist es mit dem hebräischen mikneh, von kanah zueignen, erwerben; und vielleicht läßt es sich hierher zählen, daß im Chaldäischen nichsin Besitzthümer sind, während nechas schlachten bedeutet; oder sollte hieraus sich auch beweisen lassen, daß ursprünglich nur Vieh, nur das zu Schlachtende für ein Besitzthum angesehen wurde? Jedenfalls ist die Wechselbeziehung dieser Dinge zu einander daraus bewiesen. Aus einer Fülle zum Bewußtsein gekommener Sonderanschauungen ging freilich ein neues, absichtlich abgezogenes Allgemeine hervor. In sprachlich hoch= entwickelten Zeiten, welche meist die Höhenpunkte im geschichtlichen Leben der Völker bilden, tritt das Bewußtsein an die Sprache heran und schafft mit völliger Absicht neue umfassende Begriffsworte. Qualitas und quantitas sind Erzeugnisse solcher Zeitalter, wenigstens

soweit ähnliche Worte der sondernden Wissenschaft dienen. Da erst
kann von einer Scheidung in Gattungen und Einzelwesen die Rede
sein, und die Wissenschaft drückt der Sprache nachträglich ihr bewußtes Gepräge auf. Selbst die jüdischen Denker des Mittelalters wandelten ihre so einfache Sprache um, wenn sie mit den
Lehren des Aristoteles und Plato sich beschäftigten; da mußte denn,
ganz dem Gesetze der semitischen Sprache zuwider, ein Wort wie
ssēchel Klugheit es sich gefallen lassen, daß man daraus ssich-
lioth das Vernunftgemäße bildete, enosch der Sterbliche
wurde zu min haǎnuschi der menschlichen Art, der Menschheit. Die Urzeit der Sprache ist aber zu solchem Verfahren völlig
unfähig. Selbst in diesen Zeitaltern schlossen sich die so erlangten
Begriffe an jene verschwommenen Ausdrücke der Urzeit an, die nur
dem Mangel scharfen Sonderungsvermögens ihr Bestehen verdanken.

Wir sahen, wie Geiger Alles, selbst das Unsinnliche, selbst das
Sittliche auf körperliche Grundanschauungen sprachlich zurückführt,
wie auf diese Weise eins aus dem andern erwächst. Aber selbst da
kann es ihn nicht halten, noch ist er nicht am Ziele, am unzweifel-
haften Ursprunge der Sprache angelangt, es sind dagegen noch neue
Fragen entstanden. Sind wir dazu gekommen, den Urmenschen
für möglichst unempfänglich zu halten, wie war es ihm möglich,
aus der Masse der ihn umgebenden Eindrücke, aus einer Welt, die
mit unzähligen Reizen sich an seine stumpfen Sinne wandte, gerade
das, was seinem Wesen nach feststand, das Ding als ersten Eindruck herauszugreifen? Denn es ist doch eine gewöhnliche Anschauung, daß man ein Urtheil ohne Gegenstand für unmöglich hält,
und wenn alles Denken nach Geiger Urtheilen ist, so mußten
doch nach früheren Anschauungen dem Zeitworte die Hauptwörter
vorangegangen sein. Was er nun auch immer bemerkte, am Dinge
muß es ihm ja —, so wäre unsere Folgerung — aufgefallen sein.
Woher die Kraft in ihm, den Stein als etwas sich nicht bewegen-
des dem Thiere geistig entgegenzuhalten, da doch ein feststehender
Gegenstand gar nicht die Aufmerksamkeit eines solchen Wesens auf
sich ziehen könnte, wie der Urmensch nach Geiger's Auffassung sein
müßte. Sollten wir nicht in die Lage kommen, dem Urahnen
mehr zuzutrauen, und so alle Ausführungen Geiger's umzustoßen?
Das Ohr dürfen wir bei der Sprachwerdung nicht als vorherrschend
betrachten, da es den Menschen nicht über die Welt der Töne ge-

leitet hätte. So tritt nun die Frage an uns heran: Welches ist der Sinn, der den andern als Leiter dient, mit dem in Verbindung alle Eindrücke klarer zu uns gelangen, so daß sie sprachlich fest= gehalten werden können?

. Es ist das Auge, so lautet Geiger's bedeutungsvolle Antwort. der Gesichtssinn, der besonders beim Ursprunge der Sprache zu beachten ist. Welche Rolle auch die andern Sinne zu allen Zeiten im Leben der Menschheit gespielt haben — kein einziger reicht an die Bedeutung des Gesichtssinnes hinsichtlich der Sprachwerdung heran, der fast alleinherrschend die Außenwelt dem Sprachgeiste übermittelt.

Um nun zu begreifen, wie es dem Auge, das man sich als möglichst unentwickelt denken muß, möglich war, einen Eindruck aus der so unendlich reichen und verwirrenden Außenwelt festzuhalten, ihn mit der Zeit zu schätzen und seinen Begriff durch Ausgleichung und Gegensätzlichkeit auf Anderes zu übertragen, müssen wir die schärfsten Gegensätze, die sich in einem Augenblicke dem Auge dar= bieten, herausgreifen und an die Spitze stellen: Es ist dies das Verhältniß der sich bewegenden Dinge zu den feststehenden Gegen= ständen. Aus einer Masse von Dingen, die uns gleich unbekannt sind, werden wir immer zuerst die sich bewegenden ins Auge fassen, die andern werden für uns kaum vorhanden sein; wir müssen dabei, um uns auf den Standpunkt des Urmenschen zu stellen, die Farb= eindrücke als gar nicht vorhanden ansehen. Wenn wir in eine Ge= sellschaft treten, die uns ganz unbekannt ist, so werden uns nicht etwa diejenigen Gestalten zuerst in der Erinnerung bleiben, welche sich durch eine äußere Eigenart auszeichnen, sondern wir werden denjenigen Personen unsere Aufmerksamkeit zuwenden, die sich be= wegen, bald werden wir uns Haltung, Stimme und Geberde merken, wogegen wir die Eigenheiten derjenigen nicht so schnell erkennen werden, die sich dabei still verhalten haben. So wird in einem ruhenden Räderwerke der Uneingeweihte nur ein planloses Durch= einander sehen, während, sobald dasselbe sich zu bewegen beginnt, es festere Gestalt in uns anzunehmen scheint. So ging dem Menschen= geiste das Vorhandene zunächst als Welt der Bewegung auf, nur, wo er Bewegung aus der ihm ordnungslos erscheinenden Welt sich abheben sah, dahin wandte sich sein Blick, wogegen Gestalt und Färbung seine Aufmerksamkeit weniger herausforderten. Indem er

der Bewegung folgte, haftete sein Auge freilich an demjenigen Gegen
stande, an welchem sie hervortrat, aber alle Besonderheiten desselben
mußten zurücktreten vor dem einen Umstande, daß er sich be
wegte. Daher sehen wir alle Begriffe in Thätigkeitsworte sich
auflösen, von denen erst die anderen Sprachtheile sich gebildet haben

Was es nun war, was dem Menschen zuerst als sich bewegend
entgegentrat, das läßt sich vielleicht aus dem Umstande ermessen, daß
die Keime aller menschlichen Begriffe, die Urbestandtheile der Sprache
ausschließlich Mundbewegungen, wie kauen, beißen, mit den
Zähnen zermalmen bezeichnen; dahin wurden wir ja in den
vorangehenden Betrachtungen geführt. Indem wir das Hauptwort
auf sein Thätigkeitswort zurückleiteten, indem wir dieses bis zu seiner
ursprünglichen Bedeutung verfolgten, gelangten wir zuletzt zu einer
gewaltsam zermalmenden Thätigkeit. Demnach muß der Urlaut auch
begrifflich mit einer zerfleischenden Mundbewegung zusammengehangen
haben. Denken wir weiter darüber nach, so finden wir, daß diese
Wahrnehmung in durchaus glücklicher Weise die Lösung unserer
Frage enthält. So allein ist es möglich, bei der Sprachwerdung
sofortiges Verständniß begreiflich zu finden. Der Urlaut mußte sich
selbst Sprachgegenstand werden, Gegenstand und Benennung mußten
zu solchem Zwecke innerlich und äußerlich sich völlig decken. Er
klären wir dies genauer.

Das erste, wodurch die Sprache sich kundthun konnte, war
doch unstreitig ein durch Oeffnung und Schließung sich bewegender
Mund; nun, wenn zwischen Laut und Begriff kein Gegensatz herrschen
sollte, um auf dieser Stufe das Verständniß nicht zu hindern, was
konnte jener Urlaut dann anders bezeichnen, welcher andere Urbegriff
konnte sich wohl darbieten, als mundöffnen und mundschlie
ßen? Eine derartige Bewegung des Nebenmenschen weckte die Wahr
nehmung und zwang zur Nachahmung und, indem die Blicke beider
seitig den Bewegungen folgten, vernahm das Ohr gewisse schmatzende
Töne, die durch Wiederholung mit dem sich bewegenden Gegenstande
als eins betrachtet wurden. So war damit der erste Sprachgegen
stand und der erste Laut gefunden, und bei einem der gewonnenen
Eindrücke mußte sofort der andere gedanklich hinzugenommen werden
bei Hörer und Sprecher —, die hier wohl kaum noch einen Gegen
satz zu einander bildeten, — mußten dabei dieselben Erinnerungen
hervorkommen, so war die gemeinsame Empfindung auf ein gemein

jam anwendbares Zeichen wie mit einem Schlage da, und das
war die Sprache. Die ungeheure Reihe der Wurzeln, welche mit
mrd in Verbindung stehen und ein Zermalmen, Zerstoßen
bedeuten, mandō kauen, meidiāō lachen, unser mucken, muck=
sen, murmeln, zeigen uns den innigsten Zusammenhang zwischen
Sprachlaut und Begriff; der Mund ist eben in Bewegung gesetzt
und eben diese Bewegung bezeichnet sprachlich den dadurch umfaßten
Begriff. Bei den verschiedenartigen Bewegungen des Mundes, der
Zunge, der Zähne konnten leicht die Begriffe des Schmatzens,
Kauens und Beißens sich bilden — auch hier war Sprachlaut
und Gegenstand noch eins, darum war hier Verständniß möglich,
darum ergießen sich von diesem Urquelle aus die unendlichen Strö=
mungen der Sprache. So bedeutet jenes m in myō den Mund,
aber auch die Augen schließen. Daß in Verbindung mit einem
d sich der Begriff des Beißens herausstellt, daß mrd in un=
zähligen Formen denselben bezeichnet, ist doch wohl durch Worte wie
dáknō beißen, wie dens der Zahn zu erklären, wo jene Einheit
von Gegenstand und sprachlicher Bezeichnung noch vorhanden ist.

Bei sprachlicher Bezeichnung der ersten Wahrnehmungen ver=
bindet sich das Auge mit dem Ohre, die Schallnachahmung benennt
zugleich einen Gesichtseindruck, sie müssen eben vereint sein, um Ver=
ständniß und gedeihliche Fortentwickelung der Sprache zu ermöglichen.
Bis zu diesem Punkte macht sich der nothwendige Einfluß der außen=
liegenden Dinge von ihrer tönenden Seite auf den Menschen geltend.
So ist Geiger dem Körnchen Wahrheit gerecht geworden, das in der
einen jener im Eingange erwähnten Sprachwerdungserklärungen,
in der Schallnachahmung, enthalten ist.

Aber nun macht sich der Gesichtssinn ohne Berücksichtigung der
tönenden Welt geltend, denn es gilt die Uebertragung jener wenigen
Begriffe auf andere, nichttönende Gegenstände. Da waren es nun
zunächst die Bewegungen der Hände und Füße, die auf jene ur=
sprünglichen, wenig unterscheidenden Geister den Eindruck von
Mund= und Zahnbewegungen hervorbrachten. Aehnliche Wahr=
nehmungen lockten in jenem Zustande, welcher Sprache und Denken
untrennbar vereinte und zu beidem den verständnißvollen Hörer
nothwendig machte, ähnliche Benennungen gebieterisch hervor. Vom
eigenen Körper ging die sprachliche Bezeichnung auf ähnliches in der
Thierwelt, ja, selbst auf leblose sich öffnende und schließende Gegen=

stände über, von der sich bewegenden Hand auf den Gegenstand,
den sie bearbeitete, auf das Werkzeug, von dem sie schließlich ersetzt
wurde. So kommen wir vom hebräischen peh Mund zu pathach
öffnen, da wird pethach die Thüre, während pezá die Wunde
uns die klaffende Oeffnung im Menschenkörper zeigt; bsá zer=
reißen, eine anfangs halbthierische Thätigkeit, wurde dann zu
basas erbeuten, indem das Ergebniß des Zerreißens von Thieren,
später der Beraubung von Menschen darunter verstanden wurde;
bezá der Gewinn, pas der theure Schatz gehört hierher,
schließlich aber läßt sich noch bus Verachtung anreihen; entweder
ging der letztere Begriff von der Grundanschauung körperlicher Ver=
letzungen aus, oder er bezeichnet die Empfindung, welche man ur=
sprünglich dem Schwächeren, dem Verletzten, Beraubten
entgegenbrachte. Später gingen die Begriffe in langsamer Entwick=
lung immer weiter, vom Sinnlichen auf das blos Gedachte, von
gleichgültiger Wiedergabe der Eindrücke auf Sonderung dessen, was
der Empfindung angenehm oder unangenehm ist, sei es in welcher
Hinsicht es wolle. Erst nachher konnte der Begriff des Sittlichen
hervortreten. Das Alles heftet sich, wie wir gesehen haben, an
körperliche Eindrücke an, von ihnen entlehnt es seine sprachliche Er=
scheinung; wie die Erlebnisse ursprünglich gemeinsam waren, so
waren auch die Verbindungen der Eindrücke mit den verwandt
scheinenden Wahrnehmungen und mit deren Lauten nur durch Mit=
empfindung Aller möglich.

Wir werden es aus Vorgehendem begreiflich finden, daß Geiger
von seiner Erklärung die menschliche Absicht ganz ausschließt, kein
Bewußtsein soll auf die Sprachwerdung eingewirkt haben, sie hat
vielmehr, soll sie in der Weise vor sich gegangen sein, wie die vor=
angehenden Betrachtungen zeigen, nur der Macht des Unbewußten
ihr Dasein zu verdanken. Geiger hält eine zweckmäßige Bewußtheit
geradezu für ein Hinderniß wahrhaft gesunder Entwickelung. Unbe=
wußter Drang erreicht ja bekanntlich sicher, was dem bedächtigen
Grübeln nicht im Entferntesten möglich ist. So finden wir, daß
das Kind ganz richtig und wunderbar die schwierigsten Sprachge=
setze befolgt, welche Jahrtausende zu ihrer Entwickelung nöthig hatten,
daß es spielend diejenigen Worte spricht und versteht, zu deren be=
wußter, vernunftmäßiger Durchdringung der Forscher im Leben und
Weben der grausten Vergangenheit sich bewegen muß. Welch eine

Geistesarbeit wäre das Sprechen, wenn wir jeden Gedanken mit dem stets vollen Bewußtsein äußerten, daß die einzelnen Theile desselben, die Worte, in Folge der oder jener Erregungsverbindungen begrifflich in unser Bewußtsein treten, oder wenn wir stets die Absicht, richtig zu sprechen, uns vergegenwärtigten! Ein solches Bedenken und Wägen wäre der Wahrheit unseres Ausdrucks und dem Flusse unserer Gedanken geradezu schädlich; wir würden, falls es uns einmal überfiele, Nichts eiliger zu thun haben, als es loszuwerden, um uns wieder der Sicherheit des Unbewußten überlassen zu können, indem wir in halber Bewußtlosigkeit, der überlieferten Gewohnheit folgend, genau und treffend unser Ziel erreichen. Selbst der Künstler macht den günstigsten Eindruck, wenn er die Absicht zu bergen weiß; ein Bewußtsein, weshalb etwas so und nicht anders wirkt, weshalb er nur auf diesem Wege sein Ziel erreicht und auf keinem andern, hat er dennoch nicht; nur die Erfahrung —, die wir, um nur ein Beispiel zu erwähnen, beim Dichter Menschenkenntniß nennen, — leitet ihn zur Wahl derjenigen Mittel, die von allen andern noch immer am sichersten wirken, aber doch, wie mancher tiefblickende Künstler bezeugen wird, eben so wohl die Wirkung verfehlen können, weil sie nicht auf reiner Erkenntniß beruhen und doch eine gewisse Absichtlichkeit erfordern. Wenn wir nun auch den Entwicklungsgang der Begriffe erlauscht haben, besitzen wir dann vielleicht ein Bewußtsein, eine genaue Erkenntniß der Macht, die wir Geist nennen? Wir haben dann weiter Nichts erfahren, als, welche Reihenfolge die Erscheinungen dieser Kraft, die Begriffe, eingehalten haben — sie selbst und was sie ist und mit welchen Mitteln sie arbeitet, das ist uns verschlossen; es könnte uns dies aber kein Geheimniß sein, wenn wir mit eben solcher Absicht denken würden, wie wir etwa bauen, d. h. mit völliger Kenntniß und zweckbewußter Wahl der Mittel. So wird uns das Denken selbst ein Unbewußtes, wovon allein die Ergebnisse uns klar sind, aber nicht als gewollte, sondern als gewordene Erzeugnisse. Darum ist auch bei der Sprachwerdung jede Absicht, jedes Bewußtsein des Menschen auszuschließen, da sich ein solches selbst erst an der Hand der Sprache entwickeln kann; gerade wenn wir den Urmenschen als ein halb bewußtloses Wesen ansehen, ist eine solche Vermischung gleichzeitiger Gesichtseindrücke, wie sie Geiger an die Spitze der Sprachentwicklung stellt, möglich, während bei höherem Bewußtsein

diese fruchtbringende Verwechslung aller Dinge mit allen ein Un=
ding ist.

Die Absicht ist jederzeit die Tochter des Bedürfnisses,
sei es auch nur eines eingebildeten; wie Geiger daher die un=
willkürliche Sprachwerdung betont, so läugnet er auch das Bedürf=
niß eines Mittheilungsmittels für den Urmenschen hinweg, was den=
selben vielleicht angeregt haben könnte, die Sprache zu ersinnen.
Wie leicht waren die Anforderungen, welche die Ernährung an jene
urzeitlichen Wesen stellte, befriedigt! Mußte die Sprache, wenn sie
der bloßen Lebensnoth von vornherein hätte dienen wollen, sich dann
nicht ausschließlich im Kreise thierischer Bedürfnisse bewegen? Wie
will man sich den Uebergang von den etwaigen Urtönen des heftigen,
heißhungrigen Verlangens zu einem Zustande ruhigen Ueberblicks
über die Außenwelt denken, wozu die Sprache uns befähigt, wie
wäre sprachlich eine solche Entwicklung möglich? Ueberhaupt müssen
wir die stete Rücksicht auf einen zu verfolgenden Zweck — also
Bedürfniß und Absicht — von der Geschichte einer jeden Ent=
wickelung weit entfernt halten; steuert doch die Menschheit selbst nicht
bewußt auf ein Ziel los, das sich aus den und jenen absichtlichen
Vorbereitungen entwickelt, sie folgt vielmehr unbewußt einem Drange,
der sie zu irgend einer Thätigkeit treibt, die aber ebensowenig von
einem treibenden Lebensbedürfnisse veranlaßt wird, wie etwa das
Spiel der Kinder. Erst später, auf der Stufe eines höheren Be=
wußtseins, wird das so Vorhandene zum Lebenszwecke benutzt, wird
so das Entwickelte aber wiederum Stoff und Mittel weiterer Ent=
wickelung, von welcher hinsichtlich ihres Endpunktes Absichtlichkeit
und Zweckbewußtsein gleich weit entfernt sind. Dient denn etwa
in unsern Zeiten Alles den Bedürfnissen des Tages, sehen wir ein
Zeitalter, das sich ausschließlich von der Noth des Lebens bestimmen
läßt, nicht für ein besonders niedrigstehendes an? Noch jetzt gilt
es für ehrenvoll, der Kunst und Wissenschaft ohne Rücksicht auf die
darin liegenden Lebensvortheile sich zu weihen; so sind noch heute
unsere geistigen Bestrebungen für uns Selbstzwecke, ein unbewußter
Drang treibt uns in die Heiligthümer der Kunst und Wissenschaft,
wenn auch erst spätere Geschlechter eine Zweckmäßigkeit in unserm
Treiben erkennen und die Ergebnisse unseres Ringens nutzbar machen;
zu engherziges Festkleben an dem, was das Bedürfniß des Augen=
blicks gebietet, hat sich stets als Hemmniß der freien Entwicklung

gezeigt. So mußten auch Schrift und Sprache zunächst Geburten des menschlichen Entwickelungsdranges sein; erst nach ihrem Vor= handensein wurden sie den Forderungen des Lebens, die aber durch sie erst erwachsen waren, dienstbar gemacht. Sie tragen so Vieles an sich, was daran mahnt, daß bei ihrem Werden an derartige Zwecke nicht gedacht worden sein kann; das fortschreitende Zweck= mäßigkeitsbewußtsein arbeitet immer mehr an ihnen herum, nimmt ihnen manchen unnöthigen Schmuck und drängt der Kürze zu. Indem das unbewußt Erzeugte dem Zwecke angepaßt wird, sehen wir aus der unbestimmten, räthselhaften Bildersprache der Dichter den Ausdruck des gewöhnlichen Lebens hervorkommen, das Kind des Bedürfnisses und der nothwendigen Arbeit.

Geben wir nun zu, daß der Mensch auf solche Weise sich emporgearbeitet hat, so ist jetzt zu entscheiden, welchen Zustand Geiger dem Menschen vor dem Bestehen der Sprache zuspricht.

Wie wir schon gesehen haben, ist ihm ein einziger Sprachlaut schon genügend, Urtheil und Selbstbewußtsein hervorzurufen, und geht, soweit wir sprachliches Leben verfolgen, Urtheil und Laut Hand in Hand. Freilich ist der Umfang des Urtheils, je weiter wir zu= rückgehen, desto geringer, vor dem ersten Sprachlaute stoßen wir schon fast auf den Nichtbegriff, da sich Eindruck der Außenwelt und Sprachlaut hier völlig decken, von einer Uebertragung nicht die Rede sein kann. Gehen wir nun hinter den ersten Sprachlaut zurück, so ist alles begriffliche Leben entschwunden, damit muß auch das Denken in menschlichem Sinne aufhören. Mit der Sprache beginnt nach Geiger die Vernunft, v o r dem Dasein der Worte war eine solche nicht vorhanden, an der Sprache hat sich die Vernunft ent= wickelt und entwickelt sie sich fort.

Um uns einen Begriff von jenem vorvernunftlichen Leben zu machen, gibt uns Geiger zu bedenken, daß auch jetzt, in den Ent= wickelungen u n s e r e s Geisteslebens, der vernunftmäßigen K l a r h e i t über irgend einen Begriff, wie sie ihn dazu befähigt, in einem Worte zur Erscheinung zu kommen, die E m p f i n d u n g vorhergeht. Freilich kann dies nur als Vergleichspunkt angeführt werden, weil unser inneres Leben immer ein vernunftmäßiges ist, d. h. mit klaren An= schauungen und Begriffen arbeitet, nur hinsichtlich der neuzuschaffen= den begrifflichen Umfassung zusammengedachter Verhältnisse kann man es ein unbewußtes nennen, bis ein glücklich gefundenes Schlagwort

oft einem ganzen Zeitalter zur Erkenntniß des von ihm Vorem=
pfundenen verhilft. Für alle Wehmuth, welche die Geister je bei
der Betrachtung der Welt empfunden, für all den bitteren Spott,
der sich wegen der hier entdeckten Widersprüche bei ernsthaften Be=
trachtern geltend macht, für all das Behagen, welches hamletsche
Wesen an einer solchen Stimmung finden, für all die schlimmen
Wirkungen, welche eine derartige Empfindungsweise auf die That=
kraft der Menschen hat, fand sich schließlich das Wort Weltschmerz,
und in demselben ist wirklich für uns eine ganze Welt von Begriffen
enthalten.   Bevor dieses Wort vorhanden war, lebten wir über die
Ursachen jener sonderbaren Stimmung fast im Dunkeln, während
nun, da die Sprache einen so treffenden Ausdruck dafür gefunden
hat, sich darin eine förmliche Weltanschauung ausspricht, die ihre
Anhänger im Leben, ihre dichterischen Verkünder, ja, selbst ihre
Denker hat.   Daher wissen wir Byron'sche und Heine'sche Stim=
mungen mit einer gewissen Klarheit zu beurtheilen, der gegenüber
wir früher im Unbewußten lebten. Im selben Verhältniß stand der
Urmensch zu der einfachsten begrifflichen Erkenntniß.

   Die Bestandtheile, aus denen der ursprünglichste Begriff sich
zusammensetzt, sind demgemäß Empfindung, oder besser gesagt,
Vorstellung, die sich aber sprachlich nicht darstellen läßt. Vor=
stellung ist die Erinnerung an einen vorhergehabten Eindruck, aller=
dings unwillkürliche, nicht etwa bewußte, absichtliche Erinnerung.
Kehrt nämlich ein der früheren Wahrnehmung ähnlicher Eindruck
wieder, so wird derjenige Nerv, der zum erstenmale getroffen wurde,
wieder bewegt, und zwar in ähnlicher Weise; mit demselben treten
aber auch nothwendig alle die Erregungen hervor, die damals mit
ihm vereint auf die Sehnen wirkten.   Haben wir bei Anhörung
eines Liedes einmal großen Schmerz empfunden, so wird, wenn wir
es nach Jahren wiederum hören, dieselbe Empfindung in uns her=
vorgerufen werden.   Hieraus kommt die oft unerklärlich scheinende
Liebe oder Abneigung, welche wir ganz gleichgültig scheinenden Dingen
gegenüber empfinden.

   Tritt nun eine jede Empfindung in Verknüpfung mit unendlich
vielen gleichzeitigen Eindrücken auf, und drängen sich dieselben später
mit ihr hervor, wie war es dann überhaupt möglich, eine einzelne
von ihnen festzuhalten? Dabei muß in Betracht gezogen werden, daß
nicht alle Einwirkungen die Nerven in gleich starke Mitleidenschaft

ziehen, daß nur die stärkste derselben eigentlich wirkt, wogegen die übrigen nur in dem Maaße dem Gefühle nahetreten, wie sie jener einzigen an Stärke mehr oder weniger gleichen. Bei der Wieder= holung derselben treten alle wieder hervor, wenn sie auch jetzt in Wirklichkeit mit ihr nicht zeitlich vereint sind, die betreffenden Nerven empfangen den gleichen Eindruck, und die Erinnerung an Vergangenes wirkt in diesem Sinne oft noch mächtiger, als das Gegenwärtige. Was beim ersten Eindrucke als Nebenempfindung schwächer oder kaum merklich uns beeinflußte, ruht dennoch als un= bestimmte Macht im Hintergrunde, so daß unsere Stimmung dadurch bedingt wird, woher sich der oft räthselhafte Wechsel unserer Launen erklären läßt. Was die Seele ganz und heftig in Anspruch nimmt, wird an etwas Anderes nicht erinnern können, weil es schwächeren Eindrücken gar keinen Raum läßt, wie das bei allen überaus starken Erregungen der Fall ist. Am fähigsten zur Erinnerung an solche Eindrücke werden diejenigen Sinne sein, die meistens oder stets mit den andern mitbetroffen werden, und das ist, wie schon erwähnt, beim Menschen der Gesichtssinn.

Erinnert der Sprachlaut an einen Gesichtseindruck, so ruft er zugleich alle übrigen Empfindungen zurück, welche die anderen Sinne von dem Gegenstande empfingen. Jemehr Außendinge in solcher Verknüpfung in unsern Geist eintreten, desto höher zieht unser Ver= nunftleben seine Kreise. Die Erinnerung ermöglicht uns einen Zu= sammenhang des Denkens, der sich an die Zeitfolge der äußern Eindrücke lehnt. Ohne eine derartige innere Verknüpfung, wodurch allein die Vorstellung einer Ursachlichkeit in unserm Denken bewirkt wird, gäbe es nur verworrene Einzelbilder, eine Vergangenheit wäre eben so wenig vorhanden, wie ein Kommendes, dem Menschen bliebe dann nur ein nichtiges, inhaltsloses Jetzt. Ohne ein Messen und Gegeneinanderhalten von Eindrücken gäbe es kein Vergleichen, keinen Begriff, kein Gemüthsleben. Schmerz und Freude, Liebe und Haß haben ihre eigentlichen Ursachen nie in den Eindrücken des einen Augenblickes, sondern sie entspringen eben, wenn wir das Gegen= wärtige mit dem Vergangenen zusammenhalten, indem dadurch unwillkürlich der Gegensatz sich hervordrängt.

Ist nun der Gesichtssinn der für den Menschen bestimmende geworden, so ist unsere Gattung, je weiter sich derselbe in uns aus= bildet, desto mehr der Herrschaft der anderen Sinne entzogen. Das

6

Auge muß; leiten, mit ihm hängt der Gestaltensinn zusammen, welcher das Denken des Menschen beeinflußt. Uns ist das Außending nicht durch den Geruch, nicht durch den Schall zum Bewußtsein gekommen; diese Eindrücke haben deshalb auch keine selbständigen sprachlichen Bezeichnungen, sondern werden nach Wahrnehmungen des Gesichts= sinnes durch Uebertragung benannt.   Bitter scheint von beißen herzukommen, vielleicht führt uns auch amarus —, wenn wir hier nicht eine Entlehnung aus dem Semitischen vor uns haben, — auf die mit mrd zusammenhängenden Wurzeln zurück; aber eben das hebräische mar heißt zunächst betrübt, Naemi will bei ihrer Rückkehr nach Bethlehem nicht mehr die Liebliche, sondern Marah, die Leidgedrückte genannt werden.   Auch süß, wie wir es im Griechischen und Lateinischen vor uns haben, hēdýs und suavis hieß ursprünglich angenehm, und dulcis wie glykýs, die eigentlich süß heißen, haben im Gothischen als verwandtes Wort thlakvus zart.   Baasch stinken ist im Hebräischen zunächst vom Begriffe des verfaulenden Aases abgeleitet, wovon der üble Geruch bemerkt wurde, reach, im Hebräischen Geruch hängt mit ruach Wind oder Odem zusammen, vielleicht wäre es nicht zu gewagt, die Witterung beim Hunde mit Wetter zusammenzubringen, so daß von der Luft, die den Menschen fächelte, der an ihm vorüberziehende Duft benannt wurde.   Bei uns riecht ein Gegenstand brenzelich, scharf, aber alle diese Worte lassen sich auf Gesichtseindrücke zurück= führen und sind hierhin erst übertragen worden.   Bevor ein solches Außending unsere niederen Begierden reizt, ist demnach unser Ge= sichtssinn gezwungen, seine Gestalt zu schätzen, um es so mit Klarheit in unsere Betrachtungen einzuführen.

Der Gesichtssinn, weil seine Wahrnehmungen Bewegungen waren, zwingt den Menschen, sich mit der Seele bis zum Gegen= stande hinzubewegen, ihn gewissermaßen geistig zu betasten, d. h. der bildenden Hand in Gedanken zu folgen, indem man sich um das Ding umherbewegt und es gedanklich nachbildet.   Daher ist das Sehen des Auges doch kein sinnliches Sehen, sondern mehr eine Abschätzung des Gegenstandes, der sich aus der verwirrenden Masse der Dinge uns aufdrängte.   Das Auge hat sich durch die Sprache begreiflicher= weise erst vervollkommnet, während vor dem Bestehen der Worte der Mensch zu Gesichtsvorstellungen, d. h. zur Erinnerung an Gesichtseindrücke noch nicht fähig war.   Durch den Gesichts=

und den mit ihm verbundenen Gestaltensinn hat er sich erst zu einer
so klaren Anschauung, zu einem so leidenschaftslosen Ueberblicke über
die Außenwelt erhoben, daß alles Bestehende als Gebilde der Erkenntniß zum zweiten Male in ihm abgespiegelt erscheint, daß die
Welt seine Neugierde, eine wahrhaft menschliche Leidenschaft, wach-
ruft, mehr, als jene Begierden in ihm erweckt werden, welche er
mit niederen Geschöpfen theilt.

Da Geiger erforschen will, was Entwicklung ist, wie sie erscheint
und vor sich geht, wie eine Weltentwickelung sich ermöglichte, so
müssen wir ihm jetzt zur Thierwelt folgen, um deren Gegensatz zum
Menschen mit ihm zu betrachten.

Ein Denken, d. h. die geistige Aufnahme der Außenwelt in
menschlichem Sinne, ist ohne den Gestaltensinn undenkbar, indem
wir selbst bei den das Unsinnliche umfassenden Begriffen irgend
etwas Gestaltliches uns im Hintergrunde denken; das Thier hin-
gegen wird durch die Gestalt als solche durchaus nicht angezogen,
bei ihm überwiegt der Einfluß der andern Sinne, durch welche aber
keine Klarheit des Denkens möglich ist. Könnte man auch dagegen
einwerfen, daß der Blick so mancher Thiere schärfer sei, als der des
Menschen, so ist dies doch nicht der Sinn, von welchem es geleitet
wird, vielmehr ist der Geruch, die Witterung hier das Bestimmende und Entscheidende. Wenn der Hund seinen Herrn nach
Jahren wiedererkennt, was einem Menschen unmöglich wäre, so geschieht das kaum in Folge des Gesichtssinnes, denn um sich demselben darzubieten, dazu ist die Gestalt zu sehr verändert; das Thier
wittert vielmehr seinen Herrn mit einer Sicherheit, wie sie dem
Menschen vor der Entwicklung des Gesichtssinnes vielleicht auch eigen
war, aber wie alles, was durch bessere Mittel ersetzt wird, bei ihm
sich verloren hat. Sehen wir, wie die Thiere Empfindungen der
Freude, des Hasses, der Trauer äußern, so erfassen sie die Gegenstände, von denen solche eingeflößt werden, nicht mit dem Gesichts-
sinne, daher nicht mit der Klarheit desselben, sondern mit dem
Geruchssinne, und nicht die reinerfaßte Gestalt macht ihnen die Ursache ihrer Gefühle klar, sondern es sind und bleiben nur dunkle
Eindrücke. Die Thiere sind sich dabei weder der Empfindungen,
noch der Ursachen derselben bewußt. Daß die Aeußerung der
Gefühle trotzdem erfolgt, das liegt in der gesetzmäßigen Verknüpfung
der Eindrücke; diese Verkettung ist aber vom Bewußtsein so wenig

abhängig, daß dieses vielmehr erst eintreten kann, wenn man die
Empfindung als dessen Gegenstand voraussetzt, und daß durch das
Bewußtwerden die Wirkung sofort abgeschwächt wird. So ist eine
Grenzscheide gezogen zwischen Mensch und Thier, der erstere ist der
Träger der Sprache, daher der Vernunft, wo er auch auftreten mag.

Daß die Arbeiten und Leistungen des Thieres ihrer Kunst=
fertigkeit wegen den Menschen in Erstaunen setzen, das gerade ist
Lazarus Geiger geneigt, als einen Beweis der Absichtslosigkeit an=
zusehen, daher er auch hier ein treibendes Bedürfniß nicht anerkennt.
Wie wir selbst das zu unserm Leben Nothwendigste triebartig, ohne
beabsichtigte Zweckmäßigkeit üben, da wir ja nicht einmal die Werk=
zeuge innerlich kennen, die wir dabei ganz richtig und unfehlbar
anwenden, trotzdem unser Körper als sehr künstlich zusammengesetzt
ein hohes Verständniß zu dessen absichtlichem Gebrauche voraus=
setzen müßte; wie wir sogar zu unsern höchsten Bestrebungen durch
den Trieb gezwungen werden, ohne daß ein klares Bewußtsein der
Mittel oder des Zieles hell uns den Pfad bestrahlte: so müssen wir
nach Geiger bei den Thieren um so mehr von triebartiger, absichts=
loser Thätigkeit überzeugt sein, indem, wenn das Gewebe der Spinne
Erzeugniß planmäßiger Absicht, vorbedachter Wahl der Mittel wäre,
das Thier den Menschen thatsächlich überträfe; erreicht dieser doch
mit all seinen Werkzeugen nicht, was die Spinne ohne Hilfe der=
selben fertig bringt. Nur soweit die Sprache an Gesichts=eindrücke
erinnert, dieselben durch einen Laut klar ins Gedächtniß zurückruft,
kann von einem wahren Bewußtsein, von wahrer Absicht, aber selbst
auf dieser hohen Stufe nur in sehr bedingtem Sinne, von bewußter
Zielstrebigkeit die Rede sein.

Es käme nun darauf an, an welchen Dingen wir Erscheinungen
des Lebens überhaupt bemerken, wie weit wir die uns sichtbaren
Bewegungen in der Außenwelt auf Empfindung zurückzuführen be=
rechtigt wären, auf diese Grundlage klarerfassenden Bewußtseins.
Das letzte wäre, wenn wir von der Empfindung in unserem
Sinne sprechen, der auf gewisse Eindrücke sich bewegende Thierleib.
Daß wir, ohne in jenem Leibe zu stecken, unsere Art der Empfin=
dung dort nicht nur vermuthen, sondern als gewiß voraussetzen,
beruht auf Mitempfindung. Durch Mitempfindung allein ist ein
gegenseitiges Verhältniß empfindender Wesen möglich, nur aber,
soweit und in dem Maaße, wie die Empfindungen derselben ein=

ander verwandt sind. Daher ist der Mensch dem Menschen zunächst das wichtigste Wesen, und Bewegungen des Menschen, wie sie zuerst in das Bewußtsein eingetreten sind, werden, wie wir gesehen haben, auch in der Sprache zuerst ausgedrückt.

Hört die Empfindung aber schon in der Thierwelt auf? Von der Bejahung oder Verneinung dieser Frage hängt es ab, den ganzen Gedanken einer Weltentwickelung als möglich anzunehmen oder als trüglich abzuweisen. Wie konnte im Thiere die Empfindung sich erzeugen, wenn in den Zuständen, die seinem Dasein vorangingen, dieselbe ganz und gar nicht vorhanden war? Hier, das gesteht Geiger, kann den Forscher nicht die Gewißheit, sondern nur die Vermuthung leiten. Von einer Mitempfindung kann hier keine Rede sein, da unser Empfindungsleben dem, was etwa der Pflanze oder dem Steine innewohnen möchte, zu ungleichartig ist, um solche Beziehungen zu ermöglichen. Aber, was sich unserer Mitempfindung entzieht, darf von uns nicht geläugnet werden. So kämen wir nun dazu, der nichtbeseelten Welt ein niederes Maaß der Empfindungen zuzutrauen, das nicht durch Eindrücke, sondern durch Reize, und bei der ungegliederten Welt durch Kräfte bestimmt werden kann. Es ist kein Eindruck der Außenwelt, es ist die Wirkung des Reizes, wenn die Pflanze den Einflüssen der Wärme und Kälte gehorcht, wenn die Macht der Sonne in ihr die Säfte steigen läßt. Wenn das Wasser vom Drucke der Luft niedergehalten wird, wenn es beim Weichen dieses Druckes sich hebt und aufwärts bewegt, so ist es Kraft gegen Kraft, was hier einander bekämpft; auf dieser Stufe ist ebenfalls ein Leben zu bemerken, d. h. eine Bestimmung des Dings durch äußere Mächte, und eine Selbstbestimmung nach den Gesetzen des eigenen inneren Lebens, wenn der äußere Eindruck aufhört. So kann die Empfindung, wenn der Entwickelungsgedanke gerettet werden soll, nirgend ausgeschlossen werden, denn was nicht ist, das kann sich auf keiner höhern Stufe entwickeln.

Die Empfindung ist dennach das Innere, was wir überall anzunehmen haben; das Aeußere, die Erscheinung derselben, ist die Bewegung. Sie allein kann von unseren Sinnen gefaßt werden. Aber einer ungeheuren Täuschung würde sich nach Geiger's Ansicht derjenige hingeben, der durch Erforschung des Aeußeren Alles erklären, Alles von der sinnlich messenden Wissenschaft abhängig machen wollte. Wer eine körperliche Bewegung auf ihre körperliche Ursache

zurückgeführt hat, wer ein Ding in seine Bestandtheile zersetzt und
gezeigt hat, daß diese ihren Eigenschaften gemäß zu denjenigen Be=
wegungen den Anlaß geben mußten, die eine solche Vereinigung
hervorbringen konnten, der hat dadurch über das Innere eines Wesens
uns nicht die geringste Klarheit verschafft und darf über die letzten
Räthselfragen der Menschheit von diesem Standpunkte aus nicht
einseitig urtheilen. So sehr Geiger die erfahrungsmäßige Erforschung
selbst der höchsten Dinge liebt, betrachtet er diese Untersuchungsart
doch mehr als ein Mittel, um die Reihenfolge der Erscheinungen
und deren Eintreten in das Bewußtsein zu erklären. Er will nirgends
das erfahrungsmäßige Wissen ausgeschlossen sehen und tritt sogar
Kant gegenüber, indem er die Vernunft für entwickelt erklärte;
aber es wäre ihm unmöglich, Alles in dem erfahrungsmäßig Er=
langten sehen zu wollen, er hätte denn das unveräußerlich in jedem
Dinge selbst Liegende für bloßes äußeres Schattenbild, für Sinnes=
täuschung ansehen müssen. Wer also Wirkung auf Ursache zurück=
geführt hat, der hat weiter Nichts vollbracht, als die zeitliche Folge
zweier Thatsachen nachgewiesen; das, was den Bewegungen zu Grunde
liegt, kann er daraus nicht entscheiden. Daß unser Nebenmensch
lebt, wie wir, fühlt, wie wir, läßt sich aus dem Vorhandensein der=
selben Gliedmaßen nicht wohl mit Beweiskraft folgern — wir
empfinden es, und zwar auf eine Weise, die uns statt einer wissen=
schaftlichen Folgerung zweifellose Gewißheit bietet, sie uns auf
eine uns unerklärliche Art bietet, weil die Empfindung all das zu
Grunde Liegende, zugleich das Unbewußte ist, das dem Bewußtsein
nur vorangehen kann. Das Bewußtsein sucht dann hinterher ein
Bedürfniß, eine Absichtlichkeit in die Entwickelung hineinzutragen,
indem es die Oberfläche des Vorhandenen, das jetzt Bestehende, für
den Zweck alles Vorherigen ansieht, und zwar nicht als ein unbe=
wußt-erreichtes Ziel, sondern als etwas planvoll Bedachtes in mensch=
lichem Sinne. Durch Verwechslung des der Empfindung angehö=
rigen Gebietes mit dem, welches vom Bewußtsein beherrscht wird, war es
allein möglich, daß man scharfe Vernunftbeweise suchte für die Wirk=
lichkeit der uns entgegentretenden Eindrücke. Man wollte zerlegen,
was sich nur voraussetzen ließ, man gelangte zur Läugnung alles
Bestehenden, indem man für die Grundlagen unseres inneren Lebens
keine gesetzmäßige Ableitung fand. Man gelangte dahin, der Ver=
nunft zu mißtrauen, in dem ganzen Weltbilde nur eine einzige große

Täuschung zu suchen.   Der Streit über Freiheit und Nothwendig=
keit theilte die Denker von jeher in zwei Lager, so daß die Einen
eine völlige Unumschränktheit des Willens, Andere eine bloße
Scheinfreiheit dem werkzeugartig von außen her bewegten Menschen
beilegen.

Zur Beantwortung aller dieser Fragen glaubt Lazarus Geiger
den einzig richtigen Standpunkt zu finden, indem er uns die Welt
in ihrem Werden betrachten heißt.

Der Zufall und das Entwickelungsgeſetz.

ie vorſtehenden Darlegungen haben jedenfalls gezeigt, daß die Welt nicht iſt, ſondern wird. Entwicklung iſt es, was ſich in Allem zeigt, kein plötzliches, un= vermitteltes Daſein. Wenn wir das Weſen irgend= welcher beſtehenden Formen begreifen wollen, ſo wäre es darum ſehr verfehlt, deren jetzige Geſtalt für die allgemeingültige, allein= mögliche zu halten, in vielen Dingen in Folge deſſen der Erfahrungs= wiſſenſchaft ihre Berechtigung abzuſprechen, wie es Kant bei der Darlegung der reinen Vernunft gethan hat. Man ſage ſich viel= mehr, was jetzt eine ſ o l c h e Geſtalt trage, ſei einſt ein ganz anderes Ding geweſen; ſo leicht man es ſich als überhaupt nicht vorhanden vorſtellen kann, um ſo leichter iſt noch die Annahme möglich, daß es ſich immer anders geſtalte. Wo es uns alſo möglich iſt, das W e r d e n eines Weſens zu verfolgen, da wird uns deſſen D a ſ e i n um ſo weniger räthſelhaft vorkommen. Dieſe Forſchungen werden durch den Umſtand erleichtert, das jedes Einzelding die Spuren ſeiner ganzen Entwickelung in ſeiner jetzigen Geſtalt an ſich trägt, daß es in dieſer Hinſicht ein Abbild des Weltganzen iſt. Wäre es uns nun möglich, dieſe Veränderungen rückwärts zu verfolgen, ſo würden wir vielleicht zum klaren Verſtändniß deſſen gelangen, was wir Ent= wicklungsgeſetz nennen, es würden ſich uns die allgemeinen Grund= ſätze herausſtellen, die ſich aus allem Werden der Weltweſen abziehen laſſen, die wir darum in allen Vorgängen in und außer uns un= fehlbar wiederfinden könnten.

Mit einem gewissen Erstaunen sehen wir beim öfteren Zu=
sammentreffen gleichartiger Dinge ein gleichartiges Ergebniß hervor=
gehen, wir finden gewisse Vorgänge zeitlich und räumlich immer
gleich vereint. Der Begriff des Einzelwesens entsteht erst in uns,
wenn wir ein Gemisch räumlich und zeitlich öfter vereinter Eindrücke,
die stets in ähnlicher Ordnung und Reihenfolge auf uns wirken,
als Sonderding von allem Bestehenden abheben, als von einem
Außendinge ausgehend betrachten. Eine gewisse Berechtigung gibt
uns dazu die öftere Wiederkehr solcher Eindrücke, sowie wir uns
auch auf den Umstand stützen können, daß wir selbst, ebenfalls
Mittelbinge von Zeit und Raum, uns mit Recht als Sonderbinge
ansehen und diesen Begriff auf anderes übertragen. Deshalb sahen
wir schon oben, daß Aehnlichkeit und Unähnlichkeit die Grundlage
aller Benennung ist, daß aus Verwechslung aller Dinge mit allen
die Gattungsnamen hervorgegangen sind. Dort konnte ja auch nicht
von vollkommener Gleichheit der Dinge die Rede sein, von völlig
gleicher Ordnung der verschiedenen Eindrücke bei den unter eine Be=
nennung fallenden Wesen, denn zwei ganz gleiche, also völlig einem
Musterbegriffe entsprechende Dinge sucht man vergebens in der Welt.
Wie groß sind die Unterschiede der Wesen von einander, die wir
unter dem Namen Nachtigall bezeichnen, deshalb mit demselben
Namen belegen, weil wir bedeutendere Abweichungen derselben
von einander nicht bemerkt haben. Einst aber bestand der für uns
so feststehende Begriff Nachtigall nicht, wie selbst Vogel und
fliegendes Gewürm dieselbe Bezeichnung hatte. So sind die
scheinbar ewigbestehenden Begriffe der Dinge, welche Plato lehrte,
nur sehr bedingt vorhanden, in uns geht ihre Schöpfung vor sich,
von unserer schärferen oder geringeren Beobachtungsgabe, von unserem
niederen oder höher entwickelten Gestaltensinn hängt ihr Dasein und
ihre Vermehrung, ja, unter Umständen selbst ihr Verschwinden ab.
Zeit und Raum als verbindende Mächte der Eindrücke, die in uns
leben, sind die dabei schöpferisch waltenden Kräfte.

Wenn wir nun erforschen wollen, weßhalb eine solche Masse
von Eindrücken stets so vereint hervortreten, so sind wir leicht geneigt,
aus der steten Wiederkehr eines Vorganges auf dessen Nothwendig=
keit zu schließen. Gegen das Walten eines Zufalls sträuben wir
uns heftig, der kann nur hier diese, dort jene Eindruck=
mischung hervorrufen, wird sich aber, wie wir glauben, nie gleich

bleiben. Würden wir ihm die Herrschaft überlassen müssen, dann würden wir wähnen, da das Zufällige nach unserer Anschauung keine bestimmten Ursachen hat, da ihm keine Absicht zu Grunde liegen kann, des Rückblickes auf irgendwelche Vergangenheit enthoben zu sein.

Nothwendigkeit, wie unsere Vernunft in ihrem Streben nach Einheit sie uns oft fälschlich vormalt, würden wir nach Geiger's Ansicht nur dann in der Gestalt der Wesen zu suchen haben, wenn wir uns dieselben unmöglich in anderer Form denken könnten. Die Häufigkeit des Gleichartigen ist noch lange kein Beweis von dessen Nothwendigkeit, da es auch nicht die Bürgschaft für einen ewigen Bestand dieser Ordnung bietet. Ein einziger Umschwung könnte vernichtend darauf wirken und tausend bisherige Vorgänge weiterhin unmöglich machen. Das Ursächliche legen wir ja, einem Drange unseres Wesens folgend, erst in die Außenwelt hinein. Wir sehen dort das Eine auf das Andere zeitlich folgen, beide Vorgänge in einem Raume vereint, oder gleichzeitig zwei Räume in einer wechsel= seitig scheinenden Weise beeinflußt. Wirft sich uns dann die Frage auf: Warum muß dies hier zum Vorscheine kommen und nicht in irgend einem andern Punkte des Raumes? Warum mußten diese so verschiedenartigen Vorgänge in der unendlichen Folge der Zeiten gerade jetzt hervortreten? dann sind wir bald geneigt, von uns selbst einen Schluß auf die Außenwelt zu ziehen: In unserm Innern, das fühlen wir, wird ein Zustand immer durch den vorhergehenden veranlaßt, und wenn wir unser Verhältniß zur Außenwelt betrachten, so glauben wir, daß unser Wille, der unser thätiges Eingreifen ver= anlaßt, zureichende Ursache so mancher Vorgänge der Erscheinungs= welt ist. Mit je größerer Absicht wir in die Außenwelt hinein= greifen, je klarer ein Ziel uns vorschwebte, desto vielgestaltiger und reicher müssen die Wirkungen sein. Je gegliederter ein hervorge= brachter Gegenstand, desto größeres Bewußtsein mußte den Hervor= bringer, die nächste machtvolle Ursache, beseelen. Das Werkzeug, was dieser Absicht diente, war selbst doch absichtsvoll zweckdienlich eingerichtet, sonst hätte es nicht in solcher Uebereinstimmung mit den Zielen seines Besitzers sich anwenden lassen. Ist nun die Welt eine Gesammtheit in einander greifender, sich fördernder Wesen, steht darin Alles in Beziehung zu einander, sehen wir aus dem Zu= sammenwirken alles Bestehenden eben das Weltbild erst hervortreten, so werden wir auch hierin Absicht, Mittel und erstrebtes Ergebniß

nicht verkennen wollen. Deßhalb legen wir der Reihenfolge außen-
liegender Veränderungen gern ein Ursachenverhältniß bei.

Es wäre aber zuerst zu entscheiden, ob das Verursachte auch
das unbedingt Nothwendige sei. Bedenke man, daß Gott ursachlos
und gerade deßhalb als nothwendig bestehend aufgefaßt wird, um
daraus den gegentheiligen Satz zu ziehen, daß Alles, was der Ursache
bedarf, nicht nothwendig sei. Wir könnten diese Läugnung der
Nothwendigkeit an der Ursache dieser Ursache und so fort bis ins
Unendliche zurückverfolgen. Damit etwas nothwendig so und nicht
anders sich entwickele, dazu ist als Voraussetzung unentbehrlich, daß
das Ding durch die ihm innewohnenden Eigenschaften geradezu
gezwungen sei, in einer zeitlich und räumlich bestimmten Reihenfolge
mit ganz gewissen Dingen zusammenzutreffen, daß man sich dabei
weder andere Bestandtheile, noch eine andere Reihenfolge denken
könne; denn verschiebt man nur das Wie, Wo und Wann, so hat
man aus denselben Bestandtheilen ein ganz anderes Wesen gewonnen,
womit es sich auch anders, ganz entgegengesetzt verhalten könnte,
ohne uns hinsichtlich der Nothwendigkeit oder der Zufälligkeit seines
Werdens irgendwie andere Gedanken zu entlocken. Wenn wir bei
einem vorliegenden bestimmten Dinge eine ganz bestimmte Ursache
erkennen, so ist doch wohl dadurch nicht die Möglichkeit ausgeschlossen,
daß andere, ja auch nur andersgeordnete Ursachen daraus ein anderes
Ding hätten gestalten können. Man würde vielleicht einwerfen, die
zeitlichen und räumlichen Verhältnisse der vorher selbständigen Bestandtheile bedingten gerade diese Begegnung und ließen keine andere
zu, da es für ein bestimmtes Sonderding eben nur die vorhandenen
und keine anderen Voraussetzungen gibt. Damit wäre aber die
Nothwendigkeit eines Dings keineswegs bewiesen, sondern die Beantwortung der Frage nur bis in die Unendlichkeit hinausgeschoben,
weil das Eine immer auf etwas Anderes und so bis in die Ewigkeit
zurückzuführen ist. Um den Gedanken der Nothwendigkeit siegreich
hinstellen zu können, dazu müßte man zur Erklärung eines jetzigen
Zustandes die Vorbedingung des früheren entbehren können, die
wiederum selber weiterer Vorbedingungen bedarf. Das Nothwendige
muß in jedem Falle, und müßte die Vernunft sich auch, das Gegentheil hinzustellen, nur so und nicht anders denkbar sein. Sobald
aber mehrere Zustände, der vorige und der jetzige, dabei zu beachten
sind, sobald eine Masse von Eindrücken, die hier mitgewirkt, unseren

Forschergeist bei Erklärung des Dinges fesseln, so können wir uns eben so viele Reihenfolgen derselben denken, wie es die Umstellungs= rechnung zuläßt. Wir wissen, daß es sehr darauf ankommt, ob ein Bestandtheil früher oder später zu diesem Dinge getreten ist, ob bei seinem Eintritte diese oder jene jetzt darin bemerkbaren Bestandtheile bereits dort vorhanden waren; daß sie selbst dem Bestehenden sich anbequemen mußten, daß es aber wichtig zu beachten ist, wie dies Bestehende war; daß das Vorhandene von dem Hinzutretenden wieder seinerseits beeinflußt wird. Bei unendlich vielen Dingen wird die Möglichkeit der Reihenfolgen, also die Möglichkeit der verschieden= gestalteten Welten nach der Umstellungsrechnung, die hier mit der Zahl „unendlich" zu thun hat, eine schwindelnd unermeßliche sein.

Wollte man in dieser äußeren Folge von Thatsachen die Be= gründung dieser Folge suchen, so hieße das, ein Räthsel durch das lösen, was darin selbst räthselhaft ist. Aus den Forderungen der Vernunft läßt sich kein allgemeines Gesetz der Nothwendigkeit für eine bestimmte Weltentwicklung aufstellen, das etwa der Kenntniß der Thatsachen vorangehen und mit dem die Wirklichkeit stimmen müßte — vielmehr werden solche Weltpläne immer erst nach erfolgtem Einblicke in die bestehende Welt aufgestellt und sind dann eben von dem Vorhandenen abgezogen, würden also, wären die Weltverhält= nisse nicht eben so, wie sie sind, auch im Kopfe des Denkers sich anders gestaltet haben.

Demnach verkündet Geiger den folgenschweren Satz: Nicht die Nothwendigkeit, sondern der Zufall hat bei der Entwickelung der Wesen mitgewirkt.

Der Zufall als Gegensatz der Nothwendigkeit wird gerade durch die Voraussetzung einer Ursache bedingt. Ohne Ursache wäre kein zufälliges, sondern ein nothwendiges und ewiges Dasein vorhanden. Eine Entwickelung ist nur dadurch möglich, daß ein jedes Ding Ursachen hat und wieder zur Ursache werden kann, daß alles Be= stehende unter Annahme verschiedener Ursachen sich verschieden gestaltet haben könnte; in diesem Sinne ist Alles als Zufall aufzufassen. Eine gewisse Art der Nothwendigkeit ist unläugbar in den gegebenen Verhältnissen zu suchen, aus denen sich, wenn man sie so und nicht anders denkt, nur eine und keine zweite Daseinsform herleiten ließe. Aber diese gegebenen Verhältnisse werden wieder Zufall, wenn wir ihr Werden verfolgen, und wäre es uns möglich, die

Entwickelungskette bis zu einem Beginne — wo aber ist der Beginn?
— zu verfolgen, dann hätten wir die zeitliche Folge, aber nicht
deren innere Begründung, dann wüßten wir noch immer nicht, warum
etwas jetzt und hier in dieser Weise bestehe. Wäre das Weltall
eine Daseinsform der Beständigkeit, die sich in ihren Gestaltungen
nie verändern könnte, dann wäre von Ursache oder Zufall überhaupt
nicht zu reden, da diese Begriffe ohne ein Vorangehen und eine Folge
in den Zuständen der Welt gar nicht gedacht werden können. Wer
die Welt als vorhanden, nicht als entwickelt ansieht, der wird in
deren jetziger Gestalt, wenn er die Einstige außer Acht läßt, vergebens
die Daseinsgesetze zu ergründen suchen.

Zeit und Raum sind, wie wir gezeigt haben, einflußreiche
Mächte, die man bei solchen Untersuchungen nicht ungestraft unter=
schätzt, durch die jede Ursächlichkeit entsteht, ohne die unsere An=
sichten vom Werden und Vergehen unmöglich wären. Die jetzt so
mannichfaltig zusammengesetzten Gestalten der Wesen ermöglichen
denselben sehr verschiedenartige Bewegungen und machen sie den
mannigfachsten Eindrücken zugänglich; sie sind aber selbst eine Folge
von abstoßenden und ausgleichenden Bewegungen, durch die sich das
Ding mit den anprallenden Einflüssen der Außenwelt im Gleich=
gewichte erhalten wollte, durch die es sich verwandelte und doch seine
Eigenart nicht ganz aufgab.

Entwicklung ist der Vorgang, der aus dem Allgemeinen das
Besondere hervortreten läßt, durch Scheidung aus dem Gleichen das
Ungleiche bildet. Je mannigfaltiger nun das Bestehende wird,
desto größerer Umfang ist dem Zufalle geboten; je ungleichartiger
die einander begegnenden Einflüsse sein können, desto verschiedener
kann auch die Zeitfolge ihres Zusammentreffens werden. Indem
nun die Dinge sich mehr und mehr der strengen Nothwendigkeit
entziehen, schaffen sie sich selbst zu immer wirksameren Voraussetzungen
neuer Daseinsformen um, bieten dadurch dem Zufalle ein immer
ungeheureres Gebiet. Sie vereinen sich innig mit dem ihnen Un=
gleichartigen, indem sie ihr Wesen mit demselben ausgleichen und
dadurch einander anähnlichen. Dadurch steigt ihre Empfänglichkeit
für Eindrücke der Außenwelt mehr und mehr, bis sie schließlich selbst
das, was ihrem Wesen einst entgegengesetzt war, als gleich=
artig in den Bereich ihres Daseins hineinzuziehen. Da sich in solcher
Weise Alles mit Allem vermischt, demgemäß eine Vermengung mit

immer mehr Dingen möglich ist, so läßt sich auch eine immer schärfer
hervortretende Sonderung des Ungleichen aus dem Gleichartigen
erklären; die darin vereinigten Kräfte kommen beim Heraustreten
neuer Lebensformen in verschiedenartigster Weise zur Geltung.

Man würde einer solchen Weltanschauung den Vorwurf machen
können, daß darin Alles der Nothwendigkeit entrückt und zu einem
Spiele des sinnlosen Zufalles geworden sei. Wäre dem wirklich so
und eine Verherrlichung dieser unberechenbaren Macht wäre Geiger's
Ziel, dann könnte von einer Entwicklung, von einem Hervortreten
immer schärfer sich zeichnender Sonderwesen keine Rede sein. Wenn
man aber sagt, daß je nach Maßgabe der Zeit= und Raumver=
hältnisse die Außeneindrücke bestimmend auf die Dinge wirken, so
hat man damit noch nicht Alles erschöpft; das Entgegentreten der
Dinge selbst ist ein Einfluß, der bestimmend auf das Wesen der
einwirkenden Außenwelt ausgeübt wird. Nur dann ist es möglich,
daß die jetzigen Eindrücke Ursache irgend eines Ergebnisses werden,
wenn das beeinflußende und das beeinflußte Ding —, selbst eine
solche Unterscheidung ist ganz willkürlich, — bei ihrer Mischung
etwas von ihrer beiderseitigen Eigenart bewahren; die nun gewon=
nenen Eigenschaften des gewordenen Mischdinges sind insofern ein
feststehendes, nicht fortzuleugnendes Ergebniß, als sie bei weiteren
Begegnungen mit andern Einflüssen in Wirksamkeit treten und sich
nie wieder verlieren. Darum bleibt nach aller Anziehung und Ab=
stoßung immer noch ein innerer, unveräußerlicher Kern, der der
Außenwelt Widerstand leistet und eben dadurch weitere, entwickelnde
Sonderungen zu schaffen vermag. Ohne diesen Umstand wäre
weniger eine fortschreitende Entwickelung, als ein zusammenhangloses
Durcheinander von Einzeleindrücken möglich; ein einigendes Band,
was das Jetzt an das Einst zu Wirkung und Gegenwirkung knüpfte,
wäre zwischen ihnen nicht zu entdecken.

Fragen wir nun nach Nothwendigkeit oder Freiheit, nach den
Ursachen des Werdens und Vergehens, so weist Geiger auf die
Entwicklungslehre hin, die ausgleichend auf diese Gegensätze ein=
wirkt, durch die eine beziehungsweise bestehende Freiheit und das Gegen=
theil, die Nothwendigkeit, in den Verhältnissen der Dinge zu einander
erst geschaffen wurde, ohne deren Voraussetzung es überhaupt weder
ein werdendes, noch ein vergehendes Sonderdasein gäbe.

Während auf die ungegliederte Welt die verschiedenen Kräfte

umgestaltend wirken, laffen fie durch stete Beeinflußung und immer
schärfere Sonderung daraus das erste Gliederwesen, die Pflanze,
hervorkommen. Sie ist schon für Reize empfänglich und mit ihrer
weiteren Gliederung und Sonderbildung wächst die Empfänglichkeit
dafür. Daraus ringt sich nach den Folgerungen der Entwicklungs=
lehre das Thier als Wesen der Wahrnehmung hervor, und
eine neue Masse von Eindrücken drängt sich, einwirkend und Ein=
wirkung empfangend, an einander; dadurch sondern sich die Arten
immer mehr, sie werden bei steigender Gliederung immer fähiger,
Eindrücke der Außenwelt zu verarbeiten. In dem Menschen erhebt
sich der Vertreter des Selbstbewußtseins, der Erkenntniß, die ihm
wieder andere Einflüsse in unendlicher Masse zuführt. Schließlich
kommt er dazu, sich eine neue Welt geistiger Art zu erschaffen, die
zur Wirklichkeit in seltsamstem Gegensatze sich befindet. Alle Täu=
schungen, die dem Menschen zu Theil wurden, als er forschte, sind
nur durch diesen Gegensatz zu erklären, und der Wahrheit kommen
wir nach Geiger's Ansicht nur dadurch näher, daß wir dieses
täuschenden Umstandes uns immer mehr bewußt werden, bei wissen=
schaftlichen Forschungen uns unseres Wesens ganz entäußern, uns
möglichst in jene Urzustände zu versetzen suchen, daß wir endlich
die Welt nicht als Bestand, sondern als Entwicklung begreifen.

Schlußbemerkungen.

Haben wir in vorstehenden Ausführungen ein Bild der Geiger'schen Lehre vom Ursprunge der Sprache und Vernunft gegeben, so wird man zum Schlusse uns wohl ein Wort in unserem eigenen Namen gönnen, zumal der Einfluß der Entwickelungslehre auf alle geistigen Bestrebungen unserer Zeit bekannt ist, da sich heutzutage wohl kaum ein Gebiet derselben den geschichtlichen Untersuchungen über ihre Entstehung und über ihre Wandlungen bis zur Jetztzeit entziehen kann. Versuchen wir es, aus der Geiger'schen Lehre die Folgerungen zu ziehen, welche nach unserer Ansicht zu einem Abschlusse nothwendig sind.

Bisher konnten wir nur Fremdes, Nachempfundenes geben; aber auch hier würde uns ein Hervorkehren eigener Anschauungen sehr verdacht werden können, da nach diesen doch Geiger nicht gemessen werden kann. Daher muß es uns ganz fernliegen, über die Wahrheit oder Grundlosigkeit dieser Ansichten irgendwie zu entscheiden, indem ein so endgültiges Urtheil über irgendwelche Weltanschauungen bei der steten Entwickelung in der Wissenschaft selbst keinem Zeitalter zusteht. Am wenigsten dachte Geiger selbst daran, in seiner Erklärung der Thatsachen etwa die letzten, die ewigen Fragen der Menschheit zu beantworten; vor ihm stand vielmehr immer jenes eine, namenlose Etwas, das die sinnlich betrachtende Wissenschaft gern aus den Wesen hinaus bannen möchte. Soweit unser Forscher Thatsachen liefert, kann ihm kein Widerspruch entgegentreten, denn

sie sind unumstößlich und als wahrhafte Fortschritte der Wissenschaft
zu betrachten; soweit also der Wortkörper von ihm betrachtet und
dessen Entwickelung lautlich nachgewiesen wird, ist er berechtigt, Zu=
stimmung zu verlangen; tritt er aber bei Herleitung der Begriffe
selbst an die muthmaßlichen Zustände der einstigen Menschheit in
äußeren und inneren Beziehungen, an die Bestimmung des allge=
meinen Entwickelungsgesetzes heran, so verzichtet er damit von selbst
auf eine so schrankenlose Zustimmung und gibt seine Ansichten, was
deren Wahrheit anbelangt, dem Streite und den Entgegnungen
preis. Es ist kaum zu verlangen, daß bei so unendlich vielen
Gliedern der Entwicklung, wie sie unserm Forscher in dem Körper
der Sprache, in ihrem Geiste, in den geschichtlichen Resten der
Vorzeit überhaupt geboten wurden, die von ihm hergestellte Kette
der Thatsachen durchaus als die einzig mögliche angesehen werden
müsse. Es kommt ja die Folgerungsfähigkeit des menschlichen Geistes
hinzu, die selbst da einen ursachlichen Zusammenhang vermuthet, wo
er vielleicht gar nicht bestanden; denken wir uns nun, daß die Ver=
schiebung eines Gliedes dem Ganzen nothwendig eine andere Ge=
stalt geben muß, so werden wir wohl auch dem Geiste Geiger's
nicht zu nahe treten, ja, so werden wir wohl auch in seinem eigenen
bescheidenen und streng wissenschaftlichen Sinne sprechen, wenn wir
in allem menschlichen Forschen, wie in dessen höheren Ergebnissen,
nur Vermuthungen mit größerem oder geringerem Rechte, mit mehr
oder weniger Beweiskraft ausgestattete Behauptungen sehen, die um
so werthvoller für die Wissenschaft sind, je mehr sich durch sie
erklären läßt.

Gehen wir darum, statt Erörterungen über die allgemeine
Wahrheit dieser Sätze zu bieten, lieber zur Frage über: Welchen
Einfluß kann der Geiger'sche Gedanke auf das sittliche und geistige
Gesammtleben der Menschheit ausüben? Dieser Punkt macht des=
halb auch den hauptsächlichen Werth oder Unwerth derartiger Lehren
aus. Jeder Gedanke übt, abgesehen von seiner inneren Wahrheit,
einen gewissen Einfluß aus, den man, je nachdem der Standpunkt
des Betrachtenden ist, für wohlthätig oder für unheilvoll anzusehen
geneigt wäre. Man kann wohl sagen, daß die Abneigung, die die
Menschheit gewissen auftauchenden Lehren entgegenträgt, nicht aus
deren Unwahrscheinlichkeit herkommt, sondern aus dem schroffen
Gegensatze, in dem (nach der herrschenden Ansicht) dieselben zu den

7

bestehenden Verhältnissen sich befinden, so daß man ihre zerstörende Macht fürchtet; hält es ja selbst den fortstrebenden Menschen an dem durch Gewohnheit lieb Gewordenen fest. Hätte man nicht den Umsturz des Glaubens durch die auftauchende Lehre des Kopernikus gefürchtet, so wäre sie bald als Wahrheit angenommen worden; es war nicht die Uebereinstimmung oder der Gegensatz, den diese neuen Gedanken bezüglich der Wirklichkeit zeigten, nicht Folgerungen, sondern Empfindungen, welche die Menschheit zögern ließen vor der Annahme des Entdeckten. Wollen wir nun das Schicksal der Geiger'schen Weltanschauung bestimmen, so bleibt uns nur die Frage: Welche Stellung nimmt diese Lehre den hohen Gütern der Mensch= heit gegenüber ein?

Beginnen wir nun mit dem unserm Gegenstande am nächsten liegenden Gebiete, mit der Wissenschaft. Dieselbe hat nach Geiger nicht dem Bedürfniß ihr Dasein zu verdanken, weil er ja den Ein= fluß eines solchen auf die Entwickelung sehr einschränkt; es war vielmehr die ganz zwecklose Neugierde, die, sowie der Mensch auf die Außenwelt als auf etwas Wunderbares aufmerksam geworden war, sich einstellte. Daß man sie schließlich als Entwickelungsmittel anerkannt, daß sie durch erfolgreiche Entdeckungen auf das Völker= leben machtvoll eingewirkt hat, das beruht auf späterer Erkenntniß ihrer Zweckdienlichkeit. So manche ihrer Errungenschaften, wenn sie gleich mit Jubel begrüßt wurden, haben dazu gedient, bestehende Anschauungen, wie wohlthätig dieselben auch gewirkt, zu vernichten, und mit ihnen zugleich so manche Einrichtungen, die sich daran geknüpft, aus der Welt zu schaffen. Darin zeigt sich eben ihre Unabhängigkeit von aller Zweckmäßigkeit, wie sie, auf das Leben angewandt, das vom Zwecke der Erhaltung und darauf beruhender Entwickelung getragen sein soll, höchst unzweckmäßig, geradezu zer= störend wirken. Sollte deswegen die Wissenschaft, wie es Rousseau gewollt, aus der Welt geschafft werden? Das wäre ein vielleicht sehr zweckmäßiges, dabei aber sehr vergebliches Unternehmen, da ein unbewußter und darum so mächtiger Trieb den Menschen zur Durch= dringung des ihm Unbekannten treibt. Wer diesem menschlichen Hange entgegenarbeiten wollte, würde nur unnütze Kämpfe hervor= rufen, weil er gegen etwas Unüberwindliches streitet. Darum darf ein Gesetz die Handlungen der Menschen durch Androhung der Strafe bestimmen, und man wird seine Strenge, sobald es nur schädliche

Kräfte in der Menschheit unterdrückt, nur heilsam finden, man wird
die Freiheit unter dem Banner der Gerechtigkeit am schönsten ge=
deihen sehen. Sobald aber Gesetze oder Glaubenssatzungen das
Denken der Menschen, die Weltbetrachtung auf einen gewissen Punkt
beschränken und aus Rücksichten des Nutzens oder Schadens wieder
von anderen Gebieten ablenken, durch Zwang von denselben ent=
fernen, dann beginnen die freieren Geister an ihrem Kerker zu rütteln,
und oft schon sind die Machthaber den Befreiungsbestrebungen zum
Opfer gefallen, während der freie Gedanke ihnen weit unschädlicher
gewesen wäre. Deshalb muß hier der Menschheit völlig ihr Recht
gegönnt werden; wo die Mächte des Lebens den Wissensdrang
hemmen wollen, da greifen sie etwas menschlich Unveräußerliches an.
Die Wissenschaft steigt immer stolzer empor und erregt durch die
Herrlichkeit ihres Werdens und Wachsens stets den Stolz und die
Freude der Menschheit. Kann man ihre Ergebnisse, wenn sie That=
sachen umfassen, aufs Leben anwenden, oder sind ihre Lehren, wenn
sie über das Unfaßbare sich verbreitet, geeignet, den Menschen im
Bestehenden zu festigen, so wende man sie an und sie n ü tz t, aber
nur der E r f o l g zeigt ihren Werth, ja selbst ihre Wahrheit fürs
Leben. Wenn sie jedoch, besonders durch Grübeleien oder durch
die Läugnung aller durch Vermittlung erlangten Wahrheiten, darauf
ausgeht, den Menschen im Bestehenden, das seine Grundveste ist,
wankend zu machen, seine Lebensfreude und Thatkraft, seine mensch=
lich=sanften oder kräftigen Empfindungen zu beseitigen, so ist über
die innere Wahrheit solcher Lehren durchaus nicht zu streiten. Ver=
gebens wird man dem Forscher den Vorwurf machen, daß sein
Streben die Harmlosigkeit des Menschen immer mehr vertreibe, das
Glück der Vorzeit selbst da verschwinden lasse, wo man einen Rest
der glücklichen Kindlichkeit noch gewahrt hat; die Eisenbahnen, die
Sprache des Drahtes, welche eigentlich in der Gelehrtenstube ent=
deckt sind, lassen diese Ergebnisse als unbestreitbare Wahrheiten
erscheinen, der Nutzen, den sie bringen, schlägt alle Einwendungen
nieder und läßt sie im besten Falle als nothwendige Uebel Aufnahme
finden. Dagegen werden die gründlichsten Beweise, wenn sie die
Entwerthung aller Lebensbestrebungen, aller Freude und aller mensch=
heitlichen Kämpfe zum Ziele haben und uns rathen, das Glück in
der indischen Entsagung, in der Abtödtung aller Empfindungen zu
suchen, immer nur sehr vereinzelte und selbst da nicht aus der eigenen

ganzen Ueberzeugung kommende Zustimmung erlangen. Alle etwaige
Folgerichtigkeit wird hier Nichts helfen, wenn die Gegenbeweise in
Aller Herzen liegen. Der forschende Geist, dessen Eigenthum die
Wissenschaft ist, durchfliege alle Gebiete des Forschens mit jener selbstlosen Freude, die die Wissenschaft beeinflussen soll, aber er erkenne
die unerbittliche Nothwendigkeit des wirklichen Lebens an und trage
nicht hinein, was zur Vernichtung hoher menschheitlicher Güter dienen
könnte; soll die Lehre auf das Leben wirken, so wird unser bewußtes Eingreifen dabei nicht nöthig sein. Freilich diene uns die
Wissenschaft, wenn sie nicht überall eingreifen, nicht alle ihre Schätze
dem Völkerleben nutzbar machen kann, zur Entwicklung und Veredlung unserer Geistesgaben. So wird ihr der bisherige Umfang
völlig verbleiben, es wird ihr kein Gebiet geraubt werden, nur die
vernichtende Kraft wird von ihr gewichen sein, sie wird nur auf-
hellend, nicht bewußt zersetzend wirken können, vielmehr wird das
Unhaltbare ohne Kampf vor ihr schwinden, je weniger sie es an-
greift, die erhaltenden Geister werden sich, ohne in Zwiespalt zu
treten mit ihrer Liebe für das Bestehende, ihr voll und ganz zuwenden können; so wird sie in i h r e r   g a n z e n   A u s d e h n u n g
der Menschheit zum Heile gereichen; selbst ihre Irrthümer werden,
da uns die Wissenschaft Selbstzweck ist, als Stoff dem sichtenden
Geiste werthvoll sein.

Auch die Kunst, bei der weniger der S t o f f, als die G e-
s t a l t u n g entscheidet, während die Wissenschaft nicht gerade ein
schönes Gewand verlangt, auch die Kunst in all' ihren Reichen findet
in den Folgerungen, die man aus der Geiger'schen Lehre ziehen
kann, weiteste Berücksichtigung. Auf diesem Gebiete herrscht zwar
der Begriff des Schönen, um dessen Umgrenzung nach festen Voraussetzungen man zu allen Zeiten sich bemüht hat; aber man hat
dabei doch die menschliche Empfänglichkeit vorausgesetzt, wie sie gerade
im unverdorbenen Sinne des Naturmenschen und andererseits in dem
zur Natur zurückkehrenden Erforscher der Kunstregeln lebt. Daß
das heutige Schöne nicht immer diesem Begriffe entsprach, nicht
immer entsprechen wird, ist ein zwar schwer zu fassender Gedanke,
aber die Geiger'sche Lehre legt uns diese Folgerung doch nahe;
vielleicht läßt sich auch hier die geschichtliche Beobachtungsweise versuchen, und der Begriff des Schönen würde viel klarer vor uns
stehen, wenn wir seine mannigfaltigen Erscheinungsarten ins Auge

faffen. Die Geiger'sche Anschauung läßt uns tiefe Blicke in das
innerste Wesen des künstlerischen Triebes in der Menschheit thun,
von dem die Gebilde der Kunst beeinflußt werden. Schon oben
wurde gezeigt, wie die Malerei aus der Bilderschrift hervorgegangen
ist. Daraus lassen sich deren verschiedene Entwickelungsstufen her=
leiten; weshalb z. B. die bildenden Künste zuerst so sinnbildlich
sind, daß die Darstellung des Wirklichen völlig Nebenzweck scheint;
wir sehen sie mit nach und nach immer mehr von dieser Bilder=
schrift sich entfernen, sie drückt immer weniger unmittelbar einen
Gedanken aus, sondern sie schließt sich immer enger an die räum=
liche Ordnung, in der die Dinge dem Menschen entgegentreten, sie
wirkt nun blos durch das Auge und auf das Auge, ohne vorher
die Mitarbeit des Geistes in Anspruch zu nehmen. Daher die her=
kömmliche Steifheit in den Kunstbestrebungen, welche z. B. der Ver=
herrlichung des Glaubens dienen. Wende man sich nicht verachtend
ab, wenn die ursprünglichsten Bildner einer bestimmten Göttergestalt
immer wieder und wieder denselben Gesichtsausdruck, dieselbe Stellung
geben; wenn späterhin bei der Ordnung größerer Massen in den
Gemälden eine zu steife Theilung mit zu ängstlicher Wahrung des
Mittelpunktes hervortritt. So lange die Kunst irgend einer her=
kömmlich anerkannten Macht dient, so lange sie derartig von einem
Zwecke beeinflußt wird, die Verdeutlichung irgend welcher Begriffe
abzielt, also in gewissem Sinne noch immer Bilderschrift ist, kann sie
nicht zur wahren Vollendung gelangen. Wenn aber diese zu Grunde
liegende, zusammenhaltende Einheit ganz schwindet, dann hat sie sich
wieder zu sehr von ihrem Ursprunge entfernt, um noch Kunst zu
sein. Der Wahrheit und Schönheit zugleich dienend, wird sie immer
herrlicher und selbständiger, bis sie die rücksichtslose Wiedergabe des
Vorhandenen zu ihrem Zwecke wählt, ohne die Gesetze des Schönen,
die in etwas doch noch das Sinnbildliche in der Anordnung statt
der sogenannten rohen Wirklichkeit erfordern; damit ist nach unsern
Anschauungen die Entartung hereingebrochen, und es wird der späteren
Kunst nun die Aufgabe gestellt, die neue Richtung immer mehr mit
der Schönheit in Einklang zu bringen; so sind selbst die Seitenwege
der bildenden Kunst Entwickelung. Während die räumliche Ord=
nung des Augenblicks dem Bildhauer und Maler angehört, begreifen
wir nach alledem wohl, warum die Dichtung nicht nebeneinander
Befindliches malen, sondern die zeitliche Folge der Bewegungen dar=

stellen, Alles möglichst bewegt zeichnen soll: Soweit die S p r a c h e
uns die Außenwelt vermittelnd zuführt, ist ja Alles aus Gesichts=
eindrücken, aus Bewegungen herzuleiten. So wie die Dichtung, d i e
Kunst, deren Mittel die Sprache ist, es versucht, irgend einen fest=
stehenden Gegenstand zureichend zu beschreiben, etwa den Wettkampf
mit dem Maler bei Ausmalung gestaltlicher Einzelheiten aufzunehmen,
so hört sie eben auf, reine Dichtung, Kunst des Wortes, der Sprache
zu sein, welche aus Wiedergabe der Bewegungen besteht und die
Spuren dieses ihres Ursprungs selbst unserem gesammten Denken
mitgetheilt hat. Die Sprachwissenschaft würde also eine Begrün=
dung sogar des Lessing'schen Laokoon bieten. Wir würden durch sie
begreifen, daß die Redeweise der Alten nothwendig b i l d l i c h, d. h.
a n s c h a u l i c h werden mußte, während später immer mehr die be=
wußte begriffliche Sonderung eintrat. Oft erfüllt uns eine heiße
Sehnsucht, uns aus der Verstandesschärfe unseres eigenen Zeitalters
in jene Kindheit des Menschengeschlechts hinzudenken, wir lieben das
Helldunkel, das die uralte Bildersprache über alles Gedachte breitet.
Ein bloßer Bilderkasten wird uns da gezeigt, wir sehen keinen Kampf
des Denkens mit der Sprache, das sinnlich Angeschaute wird sinn=
lich wiedergegeben, ohne daß der Dichter mit Bewußtsein auf einen
gewissen Eindruck hinarbeitet. Hier ist Herder mit seinem tiefen
Blicke für das Unbewußte in der Dichtung einzureihen, wir begreifen,
weshalb alle kräftige Volksdichtung so sprunghaft und scheinbar
planlos sich bewegt, und doch ihres Eindruckes sicher sein kann,
ohne die Mittelglieder ängstlich zu beachten, die unserm bedächtigen
Zeitalter so unentbehrlich scheinen, aber auch ohne jede schwächliche
Empfindsamkeit. Die Wahrheit, die solchem Scheine zu Grunde
liegen soll, wird nicht erörtert, und durch diese Selbstverständlichkeit
erhält das Ganze das Ansehen tieferen Ernstes. Wir werden den
Ursprung der gebundenen Rede als aus jenen Zeiten stammend
verstehen, da nur der hervorhebende Ton die ineinanderhängenden,
noch nicht in Worte geschiedenen, Sprachtheile bezeichnete, und dessen
stete Wiederkehr, durch ein tieferliegendes Tongesetz, über alles Ge=
sprochene eine gewisse Einförmigkeit breitete; es würde sich nach=
weisen lassen, wie, nachdem die Sprache durch den Umgang sich
freier entwickelt hatte, die Ehrfurcht gegen das Ueberkommene beim
Gottesdienste immer noch überwog, dort in Sprüchen und Formeln
jene alte gebundene Form gewahrt und damit die Trennung der

Dichtung von der Umgangssprache vollzogen wurde. War die älteste
Dichtung eine Wahrung alter Erinnerungen an die Vorzeit, so er=
klärt es sich leicht, weßhalb das erzählende Heldenlied zuerst hervor=
tritt; hier ist das Unbewußte rein und unvermischt, die Vergangenheit
selbst spricht durch den Mund des ruhig=überliefernden Sängers, der
darum hier gar nicht sichtbar wird. Eine Pflanze des erwachen=
den dichterischen Bewußtseins ist das Lied, das, sei es betrachtend
oder empfindungsreich, uns keinen Augenblick den Dichter, der sich
als solcher fühlt, aus dem Auge verlieren läßt, sowie wir stets den
Augenblick der Empfindung als jetzigen festhalten. Im Schauspiel
vereinen sich nun beide Arten zu einer einzigen, es ist darum dem
Unbewußten sehr ferne, ein Kind großartiger Geschichtszeiträume,
deßhalb läßt es sich ohne einen tiefangelegten Plan nicht denken
und verfolgt mit Bewußtsein einen Zweck, der sich bald in einen
sittlichen verwandelt. So zeigt sich auch hier der nothwendige Fort=
gang vom Unbewußten zum Bewußten. Wir werden begreifen, daß
die Kunst, ihrem Ursprunge getreu, außer der Schönheit und Lebens=
wahrheit keinen sichtlichen Zweck etwa der Verkörperung ganz be=
sonderer Wahrheiten sich zur Hauptsache machen dürfe, indem jede
wahrhafte und künstlerisch=begrenzte Darstellung des Wirklichen schon
alle diese Ziele erreichen hilft. Wer nämlich nur ein reindichterisches
und wahres Bild irgend eines Ereignisses geben will, braucht, wenn
sein Gegenstand ein bedeutender ist, um das Lehrhafte sich nicht
zu ängstigen. Indem er seinem Gemälde Wahrheit verleihen will,
ist er gezwungen, auf die Quellen der Ereignisse zurückzugehen, den
Schein zu erwecken, als drängte sich Alles von selbst hervor, als
wären seine Menschen durch die Anlage ihres Geistes und Herzens
die nothwendigen Träger gerade solcher Thatsachen, als wären sie
den Begebenheiten und die Begebenheiten ihnen angepaßt. Und
zwar müssen alle Erscheinungen des Lebens ihr Stoffe sein, alles
Wirkliche kehre sie hervor, diese bewußte, der Harmlosigkeit entwachsene
Welt biete ihre Bilder und sie leihe von der Urzeit den Schein des
Unbewußten, um klar und unbeirrt von den Empfindungen ihres
Selbst zu bleiben. Der Künstler wird die höchsten Forderungen
erreichen, und seine Werke werden zugleich Quellen der Selbster=
kenntniß, der Weltklugheit und darauf beruhender Sittenerstarkung
sein. So wird die Kunst, ohne sich im Geringsten untreu zu wer=
den, zum zweckdienlichen Werkzeuge menschlicher Entwicklung. Freilich

sobald eine solche Einwirkung von vornherein ihr ausgesprochener
Zweck ist, oder sobald der Dichter sich nicht bemüht, mit Bewußt=
sein den Anschein der Absichtlichkeit in seinem Werke auszulöschen,
muß die Dichtung sich selbst untreu werden und sich als Kind des
Bedürfnisses kennzeichnen. Dies ist das ewig einzuhaltende Ver=
hältniß zwischen dem Zwecke und der Freiheit in der Kunst.

Gehen wir nun dazu über, die Stellung Geiger's zur Sitten=
lehre festzustellen. Das Sittliche in uns ist von den Ergebnissen
irgend einer Wissenschaft nicht abhängig, es behauptet sich allen
Weltanschauungen zum Trotze, und jeder Denker macht dieselben
Sätze hinsichtlich unserer Pflichten und Rechte zum Schlußsteine
seines Gebäudes, sucht sie, wohl oder übel, auf irgend eine Weise
aus seinen Voraussetzungen zu folgern; ob Spinoza die Selbstsucht,
ob Kant die Selbstlosigkeit zu Grunde legt, ob schließlich Schopen=
hauer eine Lehre der Weltverneinung aufstellt, da, wo diese Denker
das Leben berühren, kennen sie nur ein Sittengesetz. Daß dieses
so feststeht, daraus würde Geiger durchaus nicht den Beweis seiner
Ursprünglichkeit ziehen, er sieht, ihm zeigen es ja seine Forschungen,
wie die Urzeit sich dem sittlichen Gedanken gegenüber sehr gleich=
gültig verhält, während erst eine entwickeltere Zeit ihn sprachlich her=
vortreten läßt. Hätte Geiger sich mit einer Sittenlehre versucht,
so hätte er, seinem Grundsatze gemäß, nicht das Bestehen, sondern
das Werden derselben aus der Geschichte der Sprache, sowie aus
den uns verbliebenen Denkmälern des Alterthums nachzuweisen ge=
sucht. Er hätte den bedeutenden Einfluß der sprachlich sondernden
Vernunft auf das Gesetz hervorheben müssen, wie erst nach dem
durch die Macht des Wortes geförderten Hervortreten sittlicher An=
schauungen die Möglichkeit eines Verbrechens oder einer Tugend
erwächst; wie die sittliche Entrüstung und die davor zurückbebende
Scham als bewegende Mächte sich geltend machen, sich immer mehr
von der zu Grunde liegenden Anschauung irdischen Vortheils oder
Nachtheils losreißen, um ganz unabhängig, und darum desto mäch=
tiger zu gebieten, um schließlich als ewig, nicht von Außen her
zugekommen, aufgefaßt zu werden. Die Geschichte, die Ent=
wicklungslehre ist es also wieder, die eine Vermittelung ver=
sucht zwischen Epikur und Kant, die selbst hier kein Feststehendes
anerkennt, sondern eine stete Fortbewegung. Von hier aus sind
viele Umwälzungen zu erklären; denn bei der Entwickelung zu immer

höherem Bewußtsein des Sittlichen ist der Zweifel an der Berech=
tigung so strenger Forderungen und deren Ableugnung das stete
Mittelglied; alles Bestehende schwankt, so Manches stürzt, und ein
kräftigeres Erfassen des Sittlichen ist die spätere Folge. Während
die Entwicklungslehre uns zeigt, wie der sittliche Gedanke zur Er=
scheinung gekommen, an welchen Gegenständen er sich emporgerankt
hat, während wir dort nur das nackteste Glücksstreben, die Sorge
um das eigene Wohlbefinden als Grundlage aller Gesetze und ihrer
strengen Befolgung bemerken, zeigt uns Kant das nothwendige Ziel,
auf welches der Mensch in sittlicher Beziehung losstrebt. Je näher
der Mensch seiner Vollendung rückt —, und wir halten doch ge=
wisse, uns besonders zusagende Zeitalter der Geschichte für Jahr=
hunderte der Vollendung und beurtheilen nach einem solchen Maaß=
stabe das Streben der Gesammtmenschheit —, je näher wir unserem
Ziele kommen, desto mehr entfernt sich die Sittlichkeitslehre vom
Gedanken des Glückes, sicher und unverkennbar strebt sie auf das
Ende los, die Tugend ganz auf sich beruhen zu lassen, ja, sie
schließlich nur dann für ganz rein anzusehen, wenn sich kein Bestand=
theil des Glücksstrebens mehr hineindrängt; und in ihrem strengsten
Begriffe ist selbst die Freude am Guten ein Lohn, der die Hoheit
und Reinheit unserer Thaten herabdrückt. Dann folgt ganz von
selbst die Forderung, das Gute hauptsächlich da zu thun, wo es uns
widerstrebt, und unseren Feinden Gutes zu erweisen. Ob wir Recht
daran thun, den Kant'schen Sittlichkeitsgedanken für engherzig zu
halten, wenn er wirklich die klarste Bestimmung dessen enthält, was
wir als Musterwesen unserer Gattung, als höchst entwickelte Menschen,
im Zustande unseres klarsten sittlichen Bewußtseins für gut und
recht ansehen werden?

Das auf allen Gebieten immer weiter schreitende Bewußtsein
sieht Geiger zunächst für ein Hemmniß der gesunden Weiterent=
wickelung an. Der unbewußte Dichtertrieb des Alterthums erreichte
spielend, was die grübelnde und zweifelnde Bewußtheit unserer Zeit
mit allen Anstrengungen nie erklimmen wird; der schnellfertige
Thatendrang ursprünglicher Völker vollbringt Großes, während ge=
bildete Zeitalter nur im Zweifeln bedeutend sind. Eben weil die
Einen unbewußt streben, bemerken wir an ihnen die beneidenswerthe
Sicherheit, die Einheit zwischen Gedanken und Ausführung; bei den
Anderen dagegen herrscht eine Zwiespaltigkeit zwischen Absicht und

That. Als der große Britte seinen Hamlet dichtete, kannte er die Schranken wohl, welche die stete Absichtlichkeit und Bewußtheit der Menschenkraft auflegt. Daß das Bewußtsein dem Unbewußten ein immer geringeres Gebiet übrig läßt, immer mehr Gewalt darüber erhält, ist ein Loos, dem wir nicht entgehen; wie es auch nothwendig ist, daß wir immer mehr in den Bann schwächender und verzärteln= der Empfindungen hineingerathen. Und zwar eilen wir mit hastigem Streben immer weiter hinweg von der glücklichen Harmlosigkeit; unser Ziel, gleichviel, ob es uns höhere Befriedigung oder tiefere Schmerzen bringt, ist immer klareres Selbstbewußtsein. Aber die erweiterte Erkenntniß und die vertiefte Empfindung — sie haben eine sehr hohe Bedeutung für die Zukunft des Menschengeschlechts. Wir selbst würden von einem Menschen der Urzeiten kaum verstanden werden, unsere Empfindungen müßten ihm thöricht erscheinen, wie alle Zeiten größerer Kraftentfaltung sich von weichmüthigen Gefühlen weit entfernen und auch wir uns in die Herzen der Wertherzeit kaum würden hineinfinden können. Es ist aber höchst verfehlt, wenn man einmal, um mit Gewalt kraftvoller und ursprünglicher zu werden, sich lossagen wollte von den Empfindungen und Anschauungen seiner Zeit, weil man in der einfacheren Vorzeit größere Wahrheit des Menschenthums und dessen Unverfälschlichkeit vermuthet, wenn man sich eine Kraftempfindung andichtet, die man in Wahrheit nicht fühlen kann, denn das ist ein noch höherer Grad der Entartung und Ueberbildung, als ihn die Zeiten höchster äußerer Vollkommen= heit bieten. Solche Bestrebungen, wie die eines Rousseau, sind an sich selbst nicht völlig unberechtigt; nur als Mittelglieder einer gesunden Entwicklung sind sie zu achten, einer Entwicklung, die mit allen bestehenden Mächten und Empfindungen rechnet. Und wenn Vieles in unserm Denken und Fühlen auf Rousseau zurückzuführen ist, so konnten wir doch nur dadurch hingelangen, daß seine Anschauungen mit den von ihm angegriffenen, nicht wegzuläugnenden Mächten, in diesem Falle also Kunst und Wissenschaft, in Einklang gebracht werden mußten. Nichts kann Entwicklung genannt werden, Nichts hat Dauer, was die augenblicklichen Verhältnisse völlig unberücksichtigt läßt oder zu zerstören sucht, wie ja kein Wort ohne Voraussetzung eines andern entstehen kann. Es ist also vergebens, gegen bestehende oder sich entwickelnde Empfindungen sich zu sträuben; man muß sie in jedem Falle benutzen, denn mit je mehr Mächten des Innern

die Menschheit zu rechnen hat, desto erfolgreicher kann sie sich fort=
entwickeln.

Ist alles Bestehende nur entwickelt und entwickelbares Mittel=
glied eines späteren Zustandes, so scheint es, als wenn alles Jetzige
der Zukunft zum Opfer fallen müsse. Kann man dann von einer
untrüglichen Richtschnur sprechen, die sich der Mensch vorzuhalten
hat, von einer Verbindlichkeit irgend welcher sittlichen Anschauungen
der Gegenwart, die einst nicht vorhanden waren und die die Zukunft
vielleicht belachen wird? Woher kommt uns das Recht, von einem
allgemeinen Begriffe des Schönen zu reden, auf Zeiten der Kunst=
entartung mit Verachtung zurückzublicken, über die Versumpfung der
Kunst (nach unserer Auffassung) in der Jetztzeit zu klagen, wenn
die Empfänglichkeit für unser Ewig=Schönes sich erst e n t w i c k e l t
hat und im Laufe der Jahrtausende auf ganz andere Gegenstände
übergehen kann, so daß dieselben Kunsterzeugnisse, die wir heute
schmähen, dereinst begierig aufgenommen werden könnten? Derartige
Betrachtungen wären im Stande, die erhabensten Bestrebungen in
eiteles Nichts zu verwandeln, indem man keiner Einzigen wahre
Bedeutung für die Zukunft zutrauen könne; und das Dauernde
ist es doch, was wir erstreben.

Behalte man aber fest im Auge, was eigentlich Entwicklung ist:
Nicht etwa Vernichtung des Früheren, sondern schärfere Ausprägung
des Vorhandenen, indem sich neue, bestimmtere Formen daraus ent=
wickeln. Deßhalb halte kein Zeitalter seine edeln Bestrebungen für
nichtig; deren Ergebniß bleibt, es wirkt fort, und die Veränderungen,
die es von der Zukunft erleidet, dienen nur dazu, es reicher zu
entfalten und dadurch mächtiger wirken zu lassen. Was darum jetzt
für edel, gut und schön gehalten wird, das verdient seinen Namen
mit Recht, dessen ewige Berechtigung zeigt uns gerade die Sprach=
forschung; sie lehrt uns, wie bei a l l e n Menschen jenen Worten
schließlich ein so weiter Vorstellungskreis verliehen wurde, und die
Anforderungen, die die Begriffe des Edeln, Guten und Schönen
an uns richten, müssen Alles umfassen, was diese Ausdrücke früher
und jetzt Rühmliches in sich schlossen und schließen. Diese Begriffe
werden durch Wirkung und Gegenwirkung sich noch mehr klären,
sich noch schärfer in Nebenbeziehungen sondern, aber was wir jetzt
mit ihnen verbinden, wird durch keine Nachwelt Lügen gestraft
werden. Wenn diese Entwickelung nur bei gewissen Völkern unter

ganz besondern Verhältnissen vor sich ginge, wie etwa die Ausbildung
des vaterländischen Kriegesgeistes ausschließlich bei den Römern, die
des Kunstsinnes in ganz ausnehmender Weise bei den Griechen, die
des abenteuerlichen Ritterthums bei den ganz eigenthümlich gearteten
Umständen des Mittelalters, so daß man hier von einer besonderen
Anlage für diese Dinge, von ganz eigenartigen Gestaltungen des
Völkerlebens sprechen muß, so ist es doch etwas Anderes mit dem
Gedanken der Sittlichkeit. Wenn die oben bezeichneten Mächte nur
zu Zeiten herrschend auftreten können und sich dann überleben, wenn
sie hier diese, dort jene Gestalt annehmen, so sind doch die Grund=
sätze der Tugend nothwendig derartige, daß sie in ihrer höchsten
Vollendung schließlich überall sich Geltung verschaffen können, daß
die Entwicklung des menschlichen Gefühlslebens das Sittengesetz und
seine Herrschaft nur fördern; und zwar können überall die höchsten
Ziele desselben nur gleichartig sein, wenn sie sich zunächst auch mehr
in der Lehre, als im Leben kundthun können. Es spricht für die
allgemeine Gültigkeit dieser strengen Forderungen, daß bei allen
Wandlungen der Geschichte gerade sie sich unaufhaltsam entwickeln,
daß Alles dazu dienen muß, die Menschheit ihr anzupassen.

Rückschritte in dieser Hinsicht sind nur scheinbar, sind sogar
nothwendig, um eine kräftiger fortschreitende Entwickelung zu ermög=
lichen. Wie auf dem Gebiete der Sprachlaute der Mensch, ermüdet
durch das Vorhandene, in dunkelem, ziellosem Drange Neues schafft,
so gilt ihm auch bei den Grundsätzen der Sittlichkeit, dieser eigent=
lichen Lebenslehre, das Vorhandene Nichts. Der leugnende Geist
stößt in seinem Kraftgefühle hier die strengen Forderungen um, weil
sie ihm als Ueberlieferung, als auf Treue und Glauben angenommen
entgegentreten, weil sie in ihrer ernsten Gestalt nicht mehr daran
erinnern, daß sie die Kinder des Glücksstrebens sind und das Glück
dauernd befördern sollen. Der Denker trägt seine verstandesmäßigen
kalten Folgerungen in das Sittengesetz hinein, und es wird ihm
auf diesem Wege leicht, ihre Nothwendigkeit zu widerlegen, da sie
ja keinem Denkerschweiße, sondern der unabänderlichen Entwicklung
des menschlichen Herzens entsprungen sind; und diese Entwicklung
weiß man in solchen Zeitaltern entweder gar nicht zu überschauen
oder man überschätzt sie und macht von ihr gänzlich die Schätzung
der wichtigsten Gedanken abhängig. Auf beiden Wegen, die wir
hier nur flüchtig andeuten konnten, gelangt man dazu, die eigene

Glückseligkeit an Stelle eines anscheinend fremden und harten Ge=
setzes auf den Thron zu heben. Da hat man nun, ohne es zu wissen,
den richtigen Standpunkt erreicht, und es gilt nun, bei der hohen
Entwicklung des betreffenden Zeitalters, festzustellen, worin die rechte
Glückseligkeit besteht. Kommt man nun aufs Neue zu der Folgerung,
daß die Tugend selbst Glück sei, so wird man von dieser Stufe aus
viel höhere Forderungen stellen können, als es früher möglich war;
wurde doch früher das Sittengesetz als lästiger Mahner angesehen
und viel lieber mit scheuer Furcht umgrenzt und eingeengt, als
daß man in ihm einen vertrauten Freund erkannt und ihm mehr
Raum gegönnt hätte. So wird sich die Menschheit zwischen Epikur
und Kant hin und herbewegen, und der Rückschlag wird nur dem
kräftigeren Fortschritte dienen.

So geht es mit allen geschichtlichen Wandlungen. Daß über=
reizte und schlaffe Völker sinken, daß sie einem Zeitalter unverdorbener
Rohheit Platz machen, das erfüllt den Anhänger der Zukunfts=
lehre mit keinem Weltschmerze; er mag wohl ein so erhabenes Opfer
beklagen, das die Verjüngung der Menschheit fordert; aber er sieht
den weltgeschichtlichen Zweck eines solchen Umsturzes ein und tröstet
sich damit. Den Mängeln seiner eigenen Zeit wird er nicht mit
müßigem Bedauern gegenüberstehen, vielmehr im Bewußtsein der
hohen Entwicklungsfähigkeit alles Menschlichen sich ihnen kraftvoll
entgegenwerfen und sie zu beseitigen suchen. Selbst der Mißerfolg
seiner Bestrebungen wird keine Verzweiflung in ihm emporkommen
lassen, sondern seine Hoffnungen werden sich der Zukunft zuwenden,
die alle edeln Samenkörner der Jetztzeit aufgehen lassen und mit der
Zeit das Schlaffe und Nichtige verdrängen wird. Sehen wir so
manche Anschauungen der Jetztzeit schwinden, so werden wir bei
schärferem Hinblicke uns davon überzeugen, daß dieselben ihre
Wirkung bereits gehabt, daß sie ausgelebt haben, darum auch dem
Fortschreiten der Menschheit eher hinderlich, als fördernd sein
würden; was sie Gutes enthielten, besteht jedenfalls in andern
Formen fort.

So sucht die Entwicklungslehre ihre Anhänger mit Allem aus=
zusöhnen, deren Blicke auf eine Zukunft zu lenken, wo alle uns
erscheinenden Unzulänglichkeiten vor der Macht der Entwicklung ge=
wichen sein werden. Ein Weltschmerzler würde freilich gerade aus
Geiger's Lehre folgern, daß der Mensch der Zukunft gesteigerte

Empfänglichkeit beſitzen wird, um wieder Unzulänglichkeiten zu be=
klagen, die wir heute gar nicht als ſolche bemerken. Mag ſein;
ſtillſtehn ſoll und darf ja die Veredlung nie, die Sehnſucht nach
beſſeren Zuſtänden darf ſich nie verlieren, wenn eine kräftige Fort=
bewegung zum Vollkommenern dauernd bleiben ſoll. Dieſe Welt=
anſchauung ſucht den Menſchen zur höchſten Entfaltung ſeiner edeln
Kräfte zu entflammen, ſie raubt ihm andererſeits jede Veranlaſſung
zu ſchlaffem Zagen. Ob ſie zu dieſem Zwecke entſtanden iſt? Ob ſie
nur deshalb in unſerm Jahrhunderte Vertreter und Empfänglichkeit
findet, weil die Jetztzeit gerade ein Zeitalter kräftigen Fortſtrebens
iſt? Oder ob dieſe Zielpunkte erſt Ergebniſſe der Entwicklungs=
lehre ſind? Wir haben uns daran gewöhnt, Alles vom Stand=
punkte der Entwicklungslehre zu betrachten, und nie hat man ſich
mehr als jetzt bemüht, die Einzelheiten, welche die Geſchichte bietet,
nach gewiſſen Geſichtspunkten zu ordnen und daraus die ganz be=
ſtimmte Geſtalt des Gewordenen herzuleiten. Es wäre wunderbar,
wenn dieſe Herleitungen der Wirklichkeit entſprächen, d. h. wenn
die Dinge in der Vorzeit wirklich genau den Gang zu ihrer Voll=
endung genommen hätten, den heute der Forſcher angeben zu dürfen
glaubt. Vielleicht wird die Zukunft ſich der Willkürlichkeiten be=
wußt werden, zu welchen dieſe Art geſchichtlich herleitender An=
ſchauung beim beſten Willen verführen kann, und ſtatt aus den
Einzelheiten das Ganze erwachſen und es von denſelben beſtimmen
zu laſſen, wird man wieder vom Allgemeinen ausgehen und unſere
Begriffe einſeitig als ewig an die Spitze ſetzen.

Deshalb eben gingen wir auf die Frage der Wahrheit oder
Grundloſigkeit nicht ein, ſondern bemühten uns nur, die Tragweite
der Entwicklungslehre für die Menſchheit zu ziehen. Und das ſind,
wie wir hoffen, die Folgerungen, die wir mit ſtrengſter Wahrung
des Geiger'ſchen Geiſtes aus den Anſichten dieſes Denkers gezogen
haben; hier konnten wir uns auf die Werke des Verſtorbenen nicht
berufen, weil er den Abſchluß ſeiner Lebensaufgabe nicht erlebt hat
und auch wohl nie hätte erleben können. Der Nachwelt kommt es
daher zu, ſich in die Seele des Denkers zu verſetzen und das aus=
zuſprechen, was als das allgemeine Ergebniß ſeines wiſſenſchaftlichen
Wirkens für das Leben feſtzuhalten iſt. Der Widerſpruch, den dieſer
letzte Abſchnitt finden mag, trifft nicht Geiger ſelbſt, ſondern nur
die Auffaſſung, die wir in ſeinem Sinne gegeben haben, die uns

seinem Sinne angemessen dünkt, während von anderer Seite leicht mit demselben Rechte etwas Anderes in ihn hineingelegt werden kann. Doch hoffen wir, daß man uns kein Abschweifen vom Hauptgegenstande vorwerfen wird. Die Sprachwissenschaft, wie sie Geiger ausgebildet hat, ist eben allumfassend. Wir haben uns vielmehr nur auf Andeutungen beschränkt, konnten in diesem Abschnitte das Wichtigste blos flüchtig streifen, um die Ausblicke zu zeigen, welche die Geiger'sche Lehre uns bietet.

Ende des ersten Theils.

Zweiter Theil.

Lazarus Geiger's Leben.

(21. Mai 1829 bis 29. August 1870.)

I.

Vorbemerkung.

Nachdem wir in den vorangehenden Betrachtungen das Lehrgebäude Lazarus Geiger's und die daraus sich ergebenden Folgerungen in allgemeinen Umrissen dargestellt haben, wird der Beobachter uns wohl um so gespannter bei Betrachtung seines Lebenslaufes folgen. Wohl ist das Leben Lazarus Geiger's keine Folge sturmvoller, nach Außen hin glänzender Ereignisse, die oft, ohne Rücksicht auf die Geistesgröße der behandelten Persönlichkeit, unsere Blicke auf sich ziehen; seine Erlebnisse sind also mehr innerliche, und wir werden den Reichthum, den dieselben nicht auf ihrer Oberfläche tragen, in der Tiefe suchen müssen.

Lebensbeschreibungen von Helden des Geistes haben ja überhaupt nicht den Zweck, fesselnde Ereignisse um ihrer selbst willen vor das Auge des Lesers zu führen, sondern uns über die Geistesrichtung der behandelten Persönlichkeit Aufschluß zu geben, uns eine Reihenfolge von Thatsachen an die Hand zu geben, mit deren Hilfe man die Entwickelung des Betreffenden erforscht oder mindestens erforschen zu können glaubt. Damit kommt der menschliche Geist einem seiner Bedürfnisse entgegen, für so manches Wunderbare eine Erklärung in den Einflüssen der Außenwelt zu suchen, den Menschen gewissermaßen als das Geschöpf seiner Umgebung hinzustellen. Wir

wollen uns freilich nicht der traurigen Anschauung hingeben, als
wäre das innerste Wesen eines Menschen eine Folge äußerer
Beeinflußung; das wäre ein trauriger Irrthum, den Geiger gewiß
selbst weit von sich gewiesen hätte. Und dennoch, hätte man ihn,
den Verkündiger der Entwickelungslehre, gefragt, er hätte den Einfluß
dieser Umstände auf sein geistiges Wachsthum keineswegs gering
geschätzt. Weisen wir darum auch nicht von der Hand, was uns
sein Lebensgang bietet, um dadurch die reiche Entwickelung seines
Geistes etwas begreiflicher zu finden.

Unmöglich wird es uns sein, in diesem Theile etwa ein Muster=
stück reinsachlicher Erzählung zu bieten; vielmehr werden sich viel=
fache Bemerkungen dazwischen drängen müssen, damit man das im
ersten Theile Dargestellte hier mit der sich ausprägenden Persönlichkeit
des Denkers werden und wachsen sehe, damit es begreiflich scheine,
wie Geiger nothwendig zu einer solchen Weltanschauung kommen
mußte. Der nur berichtende Ton, den wir in der Darlegung des
vorher umrissenen Gedankenbaues wahrten, ist in dem folgenden
Theile schwer festzuhalten, man muß dem Verfasser wohl die hin
und wieder sich zeigende Wärme des Ausdrucks verzeihen; es ist
kein bloßer Gedankengang, keine wissenschaftliche Anschauung, es ist
ein Mensch, den wir hier geradezu durch Empfindung erst schaffen
müssen, und da wäre jene vornehme Kälte, die man für parteilose
Gesinnung hält, die dem gestaltenden Bildner ziemt, wohl nicht am
Platze. Freilich müssen wir diese innere Verknüpfung der That=
sachen, wie alles Derartige, für eine bloße Vermuthung hinstellen,
ob sie auch eine Folge genauester Prüfung der Ereignisse ist, so=
weit solche uns bekannt geworden.

Wir folgen hier keineswegs dem allgemeinen Drange der Zeit,
alles Große als eine Folge kleiner Ursachen zu betrachten, sondern
haben nur die uns berechtigt scheinende Seite dieser Richtung dem
Zwecke nutzbar gemacht, daß das Wesen eines Menschen aus seiner
Vergangenheit begreiflich werde, daß er nicht als Räthsel vor uns
stehen möge. Wir haben aber hoffentlich nur das Nächstliegende
aufgegriffen, und je begreiflicher uns aus all diesen Einzelzügen
das Gesammtbild zu werden schien, desto zweifelhafter mußten wir
selbst werden, ob der Zusammenhang von uns in die Sachen ge=
waltsam hineingetragen worden, oder ob sich Alles von selbst daraus
ergibt. So manches Fremdartige, was eine Streitfrage unserer

Zeit ausmacht, mußte hier berührt werden. aber aus keinem andern
Grunde, als um Nichts unberücksichtigt zu lassen, was uns für das
Wesen unseres Helden wichtig schien. So wenig wir es beabsichtigt
haben, wird so manches Derartige durch unsere Darstellung vielleicht
in einem andern Lichte erscheinen.

Wir waren in der glücklichen Lage, darüber bei den Jugend=
freunden und steten Vertrauten des Denkers Erkundigungen einzu=
ziehen; es sind dies die Herren DD. Th. und E. Neubürger in
Frankfurt a. M., die uns mit werthvollen Aufschlüssen fördernd ent=
gegenkamen; eine weitere Quelle über Geiger's Leben war die treffliche
Abhandlung des Herrn Direktor Dr. Bärwald „Zur Erinnerung
an Lazarus Geiger", die dem Programme des Frankfurter Philan=
tropin von 1871 vorangeht; ferner benutzten wir die bei Auffarth
in Frankfurt erschienene Schrift „Lazarus Geiger, sein Leben und
Denken" von Eugène Peschier. Soweit wir also Thatsachen
bringen, sind dies die Quellen, aus denen wir sie zogen, die uns
zu unseren weiteren Folgerungen Berechtigung zu bieten scheinen.

Dem Darsteller eines Einzellebens steht nie soviel Stoff zu Gebote,
wie dem Geschichtschreiber, der ganze Zeitalter begreiflich zu machen
hat. Wohl oder übel muß er vom Dichter etwas entlehnen, und
die Empfindungen oder Absichten, die er seinem Helden leihen zu
dürfen glaubt, können ebensowohl bloße Hilfsmittel zur Verdeut=
lichung der Thatsachen, wie nothwendige Ergebnisse derselben sein.
Jedenfalls wird man es dem Verfasser zugeben, daß er sich Nichts
hat entgehen lassen, worauf er seine Annahmen gründen konnte,
und die Erkenntniß der Schwierigkeiten, die ein solcher Versuch
birgt, hat ihn vielleicht vor mancher Klippe bewahrt, welche der
allzu selbstbewußte Schriftsteller schwer vermeiden kann.

Möge dieser zweite Theil unserer Schrift eine brauchbare Vor=
arbeit für eine umfassendere Lebensgeschichte des Denkers bieten, die
freilich erst nach Veröffentlichung seines reichen Nachlasses (in Briefen,
Uebersetzungen, Dichtungen, selbst einem Schauspiele bestehend,)
möglich sein wird.

Die Kindheit.

azarus Geiger ist am 21. Mai 1829 in Frankfurt a. M. geboren. Er stammte aus einer jüdischen Gelehrten= familie, die seit zwei Jahrhunderten in der dortigen Gemeinde durch Vertreter jüdischer Wissenschaft sich aus= gezeichnet hatte. Alle Erbgüter der hier heimischen Gelehrsamkeit und Frömmigkeit sah er vereinigt in seinem Vater, dem vor Kurzem verstorbenen Rabbi Salomo Geiger, einem tiefen Kenner aller jüdi= schen Wissensgebiete und einem hervorragenden Vertreter des her= kömmlichen, in seiner Strenge unbeugsamen Judenthums, das gerade in der Mainstadt mit entgegengesetzten Richtungen zu kämpfen hatte. Wie in jedem jüdischen Gelehrtenhause, so wehte auch in dem Geiger'schen eine ganz eigenthümliche Luft. Alles war durchweht von dem jüdisch=wissenschaftlichen Geiste, mit welchem sich, was sonst bei Zielen menschlicher Forschungen weniger der Fall ist, zugleich eine gläubige Ehrfurcht vor den Gegenständen des Wissens verbindet. Dazu sind nun noch die mannigfachen Eindrücke zu zählen, die das Judenthum im häuslichen Leben dem Kinde entgegentreten läßt, eigenartig genug, um seine Neugierde wachzurufen. Daß ein gewisser Abend in der Woche ein heiteres Licht über das ganze Haus ver= breitete, daß dann eigenthümliche Gesänge aus dem Munde des Vaters kamen, das merkt gewiß schon das sprachlose Kind. Es ist ja bekannt, daß Eindrücke, die sich so früh dem Geiste als sonder= bar abzeichnen, denselben viel eher zu weiterer Aufnahme von Gegen= sätzen schärfen, als es wo anders der Fall sein kann, wo keine solche

Abwechselung dem kindlichen Sinne geboten wird. Dort kann das
Bewußtsein, das sich überhaupt allein durch geistige Schätzung des
Sonderbaren und Ungewöhnlichen geltend macht, erst in späterer Zeit
hervortreten. Dem heranwachsenden Knaben wurde bald die Wiederkehr weiter auseinanderliegender Festeseindrücke bewußt; bald sind
es heiter=glänzende, bald finstere, traurige Tage, die alle für eine
Zeit ihr seltsames Gepräge der Häuslichkeit aufdrücken. Auf seine
Fragen nach dem Grunde dieser eigenartigen Bräuche mußte der
Vater ihn in eine graue Vergangenheit zurückweisen; gewiß nahm
derselbe gern die Gelegenheit wahr, wie das Gesetz es empfiehlt,
in solchen Augenblicken den empfänglichen Knaben in die Geschichte
seines Stammes einzuführen; jene Knechtschaft und Befreiung seines
Volkes aus dem Nillande, das zweimalige Aufstreben und der zweimalige Sturz des jüdischen Staates, die Freiheits= und Glaubens=
kämpfe seines Stammes traten also schon in jenen ersten Jahren
vor sein Auge. So sah er alle jene häuslichen Eindrücke bereits
als Kind für einen Ausfluß der Vorsehung und des väterlichen
Glaubens an, und dadurch gewöhnte er sich leicht daran, die Erscheinungen des Lebens mit einer einzigen leitenden Macht in Verbindung zu bringen; er wurde ein bewußtes Glied seiner Glaubens=
genossenschaft und mußte sich selbst und sein ganzes Treiben als
Ergebniß einer dreitausendjährigen Vergangenheit betrachten. So
kam er unbewußt, darum mit um so größerer Nothwendigkeit zu
Anschauungen, die eine mit künstlichen Mitteln arbeitende Erziehung
in ihm kaum zur Reife gebracht hätte.

Es begann nun der eigentliche Unterricht im jüdischen Glaubens=
gesetze, das ihm von seinem Vater erschlossen wurde. Er kam jetzt
in Beziehung zu den ehrwürdigen Folianten, über denen dem Kinde
ein Heiligenschein zu schweben schien, da ihm jedes mit hebräischen
Schriftzeichen bedeckte Blatt heilig sein mußte; es durfte ein solches
nicht am Boden liegen sehen, ohne es zu erheben. Es waren dieselben Bücher, bei denen der Knabe seinen Vater oft so gedanken-
voll gebeugt sitzen sah, wegen deren Kenntniß die Gemeinde demselben so ehrfurchtsvoll entgegenkam, die demgemäß bald zu Zielen
des kindlichen Ehrgeizes wurden; so lenkte sich der Sinn des zum
Bewußtsein gelangenden Kindes ahnungsvoll und begehrlich auf die
Wissenschaft. Wissenschaft und Glaube schließen einen innigen Bund,
das Forschen in den heiligen Schriften wird ihm als Pflicht dar-

gestellt, die Vernachläſſigung derſelben als Verachtung eines Glaubens=
geſetzes; er erfährt, daß die Thora nur durch ſich ſelbſt beglücken
und „weder als Spaten, noch als Krone" angeſehen werden ſoll.
Das iſt ein Lehrſatz, der ihm als grundlegend nahegeführt werden
mußte, wodurch ſich in ſeinen Augen der Werth des Wiſſens von
einem augenblicklichen irdiſchen Vortheile ganz trennte.

Das erſte, was ihm die Wiſſenſchaft ſeines Glaubens entgegen=
bringt, iſt das Buch des Geſetzes; und in demſelben zieht, was für
das Weſen Lazarus Geiger's und ſeiner wiſſenſchaftlichen Stellung
von höchſter Wichtigkeit iſt, gleich von vorn herein nicht das Vor=
handenſein, ſondern das Werden einer Welt in der Schöpfungs=
geſchichte ſeine Blicke auf ſich; ihm wird Alles als in einer be=
ſtimmten Ordnung entſtanden dargeſtellt, und vor ſeinem Kindes=
auge zeichnet ſich ſcharf das Entſtehen der verſchiedenen Reiche,
Gattungen und Arten ab. Faſt unbewußt muß ſich in ihm die
Anſchauung ausbilden, daß dem Niederen in der Welt das Höhere
folge, daß die gegliederten Dinge über den ungegliederten ſtehen
und die bewußten Weſen über den bewußtloſen, daß alſo die Reihen=
folge ihres Entſtehens einen Zuſammenhang habe mit ihrer höheren
oder geringeren Vollkommenheit. Er ſieht den Menſchen in eben
jener Urgeſchichte zur Sprache ſchreiten, ſieht ihn aus der anfäng=
lichen Harmloſigkeit zum abſichtsvollen Verbrechen gelangen, ſieht
das Gefühl ſittlicher Verantwortlichkeit dem Menſchen bewußt werden;
Erfindungen treten vor ſein Auge, die von der Fluth begraben
werden; eine reifere Menſchheit tritt aus den Ueberreſten hervor,
Familien werden zu Stämmen, die Verhältniſſe entfernen ſich immer
mehr von der Urſprünglichkeit, bis er eine entwickelte Menſchheit
mit ihren Leidenſchaften und Kämpfen an ſich vorüberziehen ſieht.
Da ſich ſolche Eindrücke ihm in ſo zarter Jugend aufdrängten, ihm
ſo lebhaft nahegeführt wurden, mußte nicht der Gedanke der Ent=
wickelung ihm ſehr früh dunkel aufdämmern, mußte er nicht in der
Folge immer entſchiedener die Dinge weniger in ihrem Sein, als
in ihrem Werden betrachten?

Bald ſchritt der Unterricht von der Urſchrift zu den Erklärern
vor. Er bemerkte neben dem hebräiſchen Texte die chaldäiſchen
Uebertragungen, die ſich bald eng an das gegebene Wort ſchließen,
bald, wo deſſen Dunkelheiten ihnen hindernd entgegentreten, ſtatt
der wörtlichen Ueberſetzung eine Umſchreibung zu bieten genöthigt

sind, oder gar, um erbaulicher zu wirken, Vieles aus der mündlichen
Lehre, aus der Ueberlieferung, ja, aus den zeitgenössischen Deutungen
des Schriftwortes dazuthun.

Nachweislich ist ihm Raschi, der große Bibel= und Talmud=
erklärer des Mittelalters, schon in den frühesten Lebensjahren be=
kannt geworden; in diesem Erläuterer bemerkte er den Trieb, die
vorhandenen erbaulichen Deutungen ehrfurchtsvoll zu benutzen und
dennoch mit bewußter Selbständigkeit, ohne auf einen seiner Vor=
gänger Rücksicht zu nehmen, den Zusammenhang und den klaren
Wortsinn der Schrift, Wem gegenüber es auch sei, klarzulegen;
neben demselben wurde ihm Abenesra, der gebildete Sohn der jüdisch=
spanischen Blüthezeit, nahegeführt, der vielseitige, kühne und räthsel=
reiche Geist, der besonders dazu beitrug, ihn mit den Ergebnissen
der mittelalterlichen jüdischen Sprachforscher bekannt zu machen. Er
bemerkt die Bemühungen dieser Gelehrten um den Zusammenhang
und das klare Verständniß des Wortes, sein Blick wird auf Einzel=
heiten gelenkt, die ihm früher entgangen sind, er wird daran ge=
wöhnt, hinter dem Ausdruck der Bibel geistige Tiefe zu suchen,
Widersprüche in derselben nicht etwa unbeachtet zu lassen, sondern
eifrig nach ihnen zu spähen und sich an ihrer Lösung zu erproben.
Er merkt die Selbständigkeit der Erklärer, die überall selbst suchen,
ohne widerspruchslos an früheren Ergebnissen zu hängen, und doch
stehen sie fest auf dem Boden der Lehre und des geheiligten Her=
kommens.

Ist nun die Zeit da, daß er an den Talmud herangeführt
wird, so sieht er scharfe Gegensätze hervortreten, jede Meinung wird
einem strengen Kreuzverhöre unterworfen, das Entfernteste zum
Vergleiche herangezogen, das Ergebniß ist nicht vorhanden,
sondern entsteht durch den Kampf der Geister, das Vorhandene
ist der Stoff, mit dem man ringt, den man geistig neuzugestalten,
aus sich zu erzeugen sucht, trotzdem man ihm streng treu bleibt.
Hier fand er das Bild einer tausendjährigen gemeinsamen Geistes=
arbeit unzähliger Strebenden, deren Bedeutung eben darin besteht,
daß sie nicht neubildend, sondern entwickelnd verfuhren,
jeder Ansicht ihre Berechtigung erst zuweisen, ihr als Meinung
neue Seiten abgewinnen wollen, ohne sie für das Leben im Ge=
ringsten umzugestalten; er sah diese Geisteskämpfe nicht dem Nieder=
reißen, sondern der liebevollen Erhaltung des Bestehenden geweiht.

Wenn ihm alles dies auch nicht völlig klar war, so mußte er es doch bald fühlen; war er doch im häuslichen Leben stets von den Spuren der talmudischen Bestimmungen umgeben und mußte die Begründung der jetzigen Lebensformen des Judenthums in der fernen Vergangenheit suchen.

Der frühen Beschäftigung mit dem Talmud verdankt er wohl zum großen Theile jene rücksichtslose Selbständigkeit des Geistes, die Alles vor ihren Richterstuhl fordert, bevor sie es anerkennt; zugleich aber jene Liebe zu allem Vorhandenen, jene Dankbarkeit für das Geringste, was an Geistesstoff ihm zugeführt wurde. Es sind dies Eigenschaften, welche sich bei Geiger in gewissenhaftester Benutzung und liebevollster Betrachtung jedes gegebenen Gedankens kundthaten.

Was seine Sprachkenntnisse anbetrifft, so bot ihm die jüdische Wissenschaft außer der hebräischen Sprache bald noch andere semitische Mundarten dar. Es konnte seinem Auge wohl nicht entgehen, welch ein Unterschied zwischen dem hebräischen Ausdrucke der Bibel und dem der neuhebräischen Mischna herrschte, einzelne Theile der Schrift, die chaldäischen Uebersetzer, die sogenannten Targumim, dann die Gemara zeigten den Zustand des Chaldäischen in drei einander sehr fernliegenden Zeitpunkten, auch der Umstand der Sprachmischung drängte sich zuletzt im Ausdrucke der paläftinensischen und babylonischen Talmudlehrer der Betrachtung auf. Derartige Unterschiede und Aehnlichkeiten forderten sein Nachdenken heraus, und er mußte auch hier den Einfluß der Zeit als entscheidend auf die Gestaltung der Sprache ansehen.

Auf all diesen Gebieten stand sein Vater als ehrwürdiger Leiter vor ihm; ein Theil seiner Kindesliebe mußte sich nothwendig auf die jüdische und von da aus schließlich auf die gesammte Wissenschaft übertragen. Alle Ergebnisse seines bisherigen Forschens waren in seinen Augen zugleich fromme Werke, daher blieb ihm später alles Wissen wahrhaft heilig.

Haben wir nun, wie es uns bei der Entwicklungsgeschichte eines Menschen unumgänglich nöthig scheint, dem wichtigen Umstande der Abstammung und der häuslichen Umgebung vor Allem eingehend Rechnung getragen, so betrachten wir nun die anderen Einflüsse, die Geiger zum Verkündiger einer Entwickelungslehre besonders geeignet machten.

Nicht umsonst hat sein Landsmann Goethe in seiner Lebens=
beschreibung der Schilderung seiner Vaterstadt einen so breiten Raum
gegönnt; man wird es für die Zukunft eines Menschen wohl nicht
für ganz gleichgültig halten, an welchem Orte er seine Kindheit
verlebt hat.

Geiger hat während seines ganzen Lebens mit nur kurzen
Unterbrechungen seiner Heimatstadt angehört, er hat dieselbe als
Aufenthaltsort stets allen andern Plätzen vorgezogen. Wenn der
Knabe in den heimatlichen Straßen umherstreifte, so mußten ihm
bald die Gegensätze auffallen, die sich in den verschiedenen Stadt=
theilen zeigten. Frankfurt gehört zu jenen merkwürdigen Städten,
die das alterthümliche Gepräge sich gewahrt haben, und zugleich ein
reiches und reges Leben aufweisen. Es ist dieser Stadt eigen=
thümlich, daß sich Alterthum und Neuzeit in ihr innig vereinigt
zeigen. H i e r ernste, ehrwürdige Gebäude, vielfach verwittert, vom
Zahne der Zeit mitgenommen, enge, giebelige Straßen, die das
Licht des Tages kaum einlassen; d o r t heitere und in gefälligem
Geschmacke ausgeführte Paläste, die Straßen grade, breit und heiter.
Die Gegenwart schließt sich in der ehemaligen Reichsstadt sichtbar
an eine ferne Vergangenheit an, großartige Erinnerungen der Ge=
schichte stoßen mit regen Bestrebungen der Gegenwart zusammen.
Eine solche Stadt, die einem Goethe das Dasein schenken und seiner
Jugend so dauernde Eindrücke zuführen konnte, sie war wohl auch
geeignet, die Blicke unseres Geiger gar bald auf die Gegensätze der
Geschichte zu lenken. Ein früh geweckter Geist, bemüht er sich bei
derartigen Anregungen von Außen das einigende Band zwischen
Jetzt und Einst zu entdecken, er gewöhnt sich, als die Ursache dieser
Verschiedenheiten die G e s c h i c h t e anzusehen. E n t w i c k e l u n g
war es demnach, was ihm sogar äußerlich im Bilde seiner Heimat=
stadt entgegentrat. Das mußte den Drang in ihm noch befestigen,
in dem jetzigen Zustande der Dinge die Spuren ihrer gesammten
Vergangenheit zu suchen. Ein solcher Knabe, in eine Kleinstadt
versetzt, wäre in Gefahr, zum einseitigen Träumer zu werden; in
Geiger dagegen ließen die mannigfachen und erheiternden Eindrücke,
die seine Vaterstadt ihm bot, eine solche Stimmung nicht hervor=
kommen, vielmehr wuchs in ihm ein gedankentiefer, aber auch lebens=
froher und thatkräftiger Sinn empor.

Auch gesellschaftliche Freuden fehlten nicht. Da ist hauptsächlich

das Jakob Neubürger'sche Haus zu nennen, mit dem die Geiger'sche
Familie durch Bande der Freundschaft und der Verwandtschaft eng
verknüpft war, und zwar waren besonders die Mutter unseres
Geiger und Johanna Neubürger die Trägerinnen dieses Verhält=
nisses. In Jakob Neubürger trat dem Knaben ein für alle Bildung
höchst begeisterter Mann entgegen. Er war noch Zeuge der Um=
wandlung gewesen, die die Mendelssohn'schen Bestrebungen in den
Verhältnissen des jüdischen Stammes hervorgerufen hatten; er wußte,
wie derselbe, bis dahin abgeschlossen, durch den Berliner Weltweisen
der nichtjüdischen Geistes= und Empfindungswelt näher geführt und
dadurch der Gleichstellung immer fähiger geworden war. Neubürger
war ein Anhänger Pestalozzi'scher Grundsätze und suchte dieselben
in einer weiblichen Erziehungsanstalt zu bethätigen, die er damals
gegründet hatte. Mit scharfem Blicke erkannte er die hohen Anlagen
des Knaben und wandte sich deshalb liebevoll der Aufgabe zu, ihm
Fühlung mit der außerjüdischen Wissenswelt zu verschaffen; er ver=
fehlte wohl auch nicht, mit seinen Lieblingsgrundsätzen ihm weckend
zu nahen, als Verehrer Rousseau's ihm den Gegensatz zwischen der
verbildeten Jetztzeit und dem harmlosen arkadischen Urzustande der
Menschheit scharf vor's Auge zu führen; auch mag er ihm die Aus=
breitung wahrer Herzensbildung und das Suchen nach höherer
Wahrheit als schönste Ziele dargestellt haben, denn so lehrte es die
Zeit der Aufklärung, der er entsprossen war. Man kann sich
außerdem wohl denken, mit welcher Begierde der Knabe die Mit=
theilungen entgegennahm, die ihm der erfahrene Mann von den
vermittelnden Uebergängen jener Jahrzehnte an der Grenzscheide beider
Jahrhunderte bot. Mit den Söhnen des Hauses war Geiger von
Kindheit an in innigster Freundschaft verbunden; ein Verhältniß,
das sich während seines ganzen Lebens gleich blieb. Theodor und
Eugen Neubürger waren die steten Vertrauten seines Denkens und
Empfindens, bei ihnen fand er volles Verständniß für seine Be=
strebungen. Ein solcher Freundschaftsbund mußte dazu beitragen,
seine Kindheit freudig zu gestalten, mußte vielfach die nothwendige
Anregung bieten für das spätere Streben des Forschers.

Jakob Neubürger unterrichtete den fähigen Knaben im Deutschen
und Französischen; bald besuchte Geiger die katholische Selektenschule,
wo noch das Lateinische und Griechische für ihn hinzukam; möglich,
daß auch die englische Sprache zu den Unterrichtsgegenständen jener

Anstalt gehörte. Man kann sich den Eifer lebhaft vorstellen, mit dem sich der junge Forscher den Sprachen näherte. War doch durch die Wissenschaft seines Glaubens ihm der Sinn für alles Sprach= liche längst geschärft worden; der Stoff allein war ein anderer oder schien ein anderer zu sein, die Behandlung desselben mußte sich überall gleichen. Wie leicht war es einem so geschulten Geiste nicht, in den Irrgängen sprachlicher Regeln oder Ausnahmen sich zurecht= zufinden! Blieb ihm durch seine häuslichen Arbeiten die stete Füh= lung mit semitischen Mundarten, so bot ihm die Schule Gelegenheit zu klarerem Einblick in die indogermanischen. Er mußte bald die Verwandtschaft des Griechischen, Lateinischen und Deutschen erkennen, und das bot seinem schnellfolgernden Geiste lockende Fernsichten. Zwei sich so fernliegende Gebiete, wie die jüdische und die außer= jüdische Wissenschaft, sah er sprachlich sich nach ganz gleichen Ge= setzen bewegen, mundartliche Abweichungen, Lautwandel, Entlehnung und Sprachmischung bemerkte er überall, und, wie er alles Der= artige besonders schnell erfaßte, mußte er sich bald erstaunt nach den Gründen einer so seltsamen Gleichheit fragen. Kein Wunder, wenn er in den Rechenstunden träumte und den Anforderungen seines Lehrers in dieser Beziehung wenig gerecht wurde; sein Geist konnte sich der Zahlenwelt nicht bemächtigen, die darauf bezüglichen Regeln schlugen nur an sein Ohr, während in seinem Geiste in= dessen die semitischen und indogermanischen Sprachgebilde sich immer wunderlicher verschlangen, täglich neue Wahrnehmungen der Erklärung harrten und mit den Erklärungen die Räthsel sich mehrten. Seinem Lehrer Eberz hatte er wahrhafte Förderung zu danken. Der wackere Schulmann hatte erstaunt bemerkt, wie bald der Knabe sich alles Sprachwissenschaftliche, was sonst dem kindlichen Alter trocken und freudlos scheint, zu eigen machte, mit welcher Begierde er alles hierauf Bezügliche entgegennahm. Er kam ihm deßhalb hilfreich entgegen, gab ihm geeignete Werke an die Hand und lenkte so seine Gedanken auf eine bestimmte Bahn. Besonders bewegte er sich unter der Leitung seines Lehrers bald sicher auf dem Gebiete der griechischen Mundarten, deren Vorhandensein er sich in Kurzem auf eigene Art zurechtlegen mußte.

Je mehr Erscheinungen nun seine Aufmerksamkeit auf sich zogen, desto begieriger wurde er darauf, seinen Gesichtskreis zu erweitern. Bald ging er mit bewußtem Forschersinne daran, den Bau noch

vieler anderen Sprachen zu untersuchen. Es drängte ihn dazu,
eine Erklärung dafür zu finden, warum alle Sprachen so wichtige
Gesetze mit einander gemeinsam haben, während sie in den Einzelheiten so große Unterschiede zeigen, und wie das streng Gesetzmäßige
ihres Baues herzuleiten sei. Jubelnd hatte er in der Büchersamm-
lung seines Vaters „Jakob Alting's Sprachlehre vieler morgen-
ländischer Mundarten" entdeckt und daraus sich etwas Arabisch,
Syrisch und Samaritanisch zu eigen gemacht. Die mannigfachen
sprachlichen Thatsachen scheinen nun gebieterisch eine wissenschaftliche
Klärung verlangt zu haben. Es bedarf gewiß der Voraussetzung
all dieser mannigfachen Eindrücke, die unserem Helden das Haus,
der Glaube, die Vaterstadt, die Schule geboten, um eine Regsamkeit des Geistes, wie wir sie bei Lazarus Geiger finden, nicht als
die gewöhnliche Frühreife eines Wunderkindes begreiflich zu machen,
dessen späteres Leben meistentheils den Hoffnungen nicht entspricht,
die man an die kindlichen Leistungen knüpfte, — vielmehr sie als
wahrhaftes Ergebniß aller in seinem Innern verarbeiteten Einflüsse
zu betrachten; nur der glückliche Umstand, der ihm so Vieles zuführte, läßt uns nicht zweifelnd vor dem kindlichen Scharfsinne des
jugendlichen Forschers stehen. Es wird uns wohl nach allem dem
nicht Wunder nehmen, wenn wir den Zwölfjährigen nach dem Ursprunge der Sprache fragen hören, ja, wenn uns eine aus dieser
Zeit herrührende Abhandlung von zweiundzwanzig enggeschriebenen
Seiten mitgetheilt wird, die sich in eingehendster Weise mit der
Sprachwerdung beschäftigt.

Hauptsächlich mußte die wunderbare Regelmäßigkeit in allen
Sprachen ihn zu staunendem Nachsinnen veranlaßt haben. Er hatte
sich wohl daran gewöhnt, die Urmenschen für höchst einfache und
harmlose Wesen aufzufassen, wie konnte ihnen ein so ins Einzelne
gehender Ausbau aller Sprachtheile zugemuthet werden?

Schon die Fragestellung in diesem Aufsatze muß uns als ein
bewundernswürdiges Ergebniß langen, reifen Nachdenkens erscheinen.
Um all' die vielen Räthsel, welche die Sprache ihm birgt, sich klar
zu machen, bewegt er sich nicht etwa auf dem Gebiete geistreicher
Wortdeutungen, sondern er frägt nach dem Ursprunge, nach
dem Werden der Sprache; nicht in ihrer jetzigen Gestalt,
sondern in der Art ihres Entstehens sieht der Zwölfjährige ihr
wahres Wesen begründet. Wie sollte er anders, da er sich, wie

wir gezeigt haben, nothwendig an eine geschichtliche Betrachtung
aller Dinge gewöhnen mußte und nie anders, als nach deren Ver=
gangenheit fragen konnte! Der Knabe zeigt uns durch seine Ab=
handlung, daß er wohl bemerkt habe, wie der jetzige Zustand einer
Sprache ein Spiegelbild dessen ist, was frühere Jahrhunderte ge=
staltet; daß er sie also als ein ewig Wechselndes betrachte und nun
fragte, wo ihr Dasein begonnen?

Die biblische Schöpfungsgeschichte bildet, wie es ja nicht anders
sein kann, den Ausgangspunkt seiner Forschungen. Doch weist er
in hoher Selbständigkeit die Auffassung ab, nach welcher Gott dem
Menschen eine fertige Sprache verliehen hätte. Nur die sprach=
schöpferische Kraft stammt von Gott, deren Anwendung zur Be=
zeichnung der Außenwelt hat der Weltbildner dem Willen des
Menschen überlassen. Der Schöpfer gewinnt in den Augen des
jugendlichen Forschers an Größe, da er die Kraft besitzt, etwas sich
selbst Fortentwickelndes zu schaffen.

Die Vernunft des Menschen ging nach Geiger's damaliger
Ansicht der Sprachwerdung voran; durch Geberden läßt er unsere
Ahnen miteinander reden, Gott selbst bediente sich Adam gegenüber
der Zeichensprache, da er die Erfindung der Worte seinem edelsten
Geschöpfe selbst überließ. Erst das Bedürfniß, irgend ein Ding
zu einem besondern Zwecke schärfer zu bezeichnen, ließ ihn zur Her=
vorbringung der Worte schreiten. Da Gott dem Menschen die
Thiere als erste Gegenstände der Bezeichnung entgegenführte, so
ergiebt sich dem jungen Denker daraus, daß die ersten Worte nur
thierische Empfindungsrufe waren, die sich dann leicht auf das Thier
selbst beziehen ließen. Dann erst konnte der Sprachbildner alles
Tönende um sich her bezeichnen. Mehrt sich sein Wissen, so drängt
es ihn zur zahlenmäßigen Ordnung, die Finger müssen dabei als
Zeichen herhalten; die Körpertheile, die man benannte, wurden zum
besseren Verständniß gezeigt. So war die Ursprache ein Gemisch
von Tönen und Zeichen. Die Schallnachahmung sieht der Knabe
als Grundlage aller Sprachen an, da er in ihnen, wo sie Mildes
oder Schreckliches zeichnen, auch milde oder unangenehme Töne
benutzt findet.

Wie aber konnte der Zwölfjährige von da aus weiter gelangen
und doch der Wahrscheinlichkeit nicht widerstreiten? Die Benennung
nichttönender Gegenstände, folgert er nun, die durch Geberden sich

nicht darstellen ließen, wurde im Laufe der Zeit doch auch noth=
wendig, wenn die Sprachentwickelung hier nicht festgebannt sein
sollte. Auf diesem Gebiete scheinen ihm nicht die Erwachsenen,
sondern Kinder die entwickelnden Mittelglieder zu sein. Sonder=
bar genug findet er es, daß es allgemein dieselben Laute „Papa“,
„Mama“ sind, mit denen die sprachlose Kinderwelt die Eltern be=
zeichnet. Diese können unmöglich von Erwachsenen entlehnt sein,
weil ja die eigentlichen Ausdrücke für Vater und Mutter in
der ausgebildeten Sprache so verschieden sind, daß man nicht gut
annehmen kann, man habe in allen Ländern die Kinder gerade
dieselben Ausdrücke gelehrt, sondern Geiger folgert umgekehrt, die
Erwachsenen hätten die ersten derartigen Worte der Kinderwelt ent=
lehnt. Es läßt sich auf das Verhältniß des Kindes zu den Eltern,
auf dessen erste Ernährungsweise zurückführen, wenn es gerade
Lippenlaute sind, durch welche die Kinder jene Bezeichnungen schaffen.
Im Jahre 930 der Welt, im Todesjahre Adams, da mag die
hebräische Sprache in ihren Grundbestandtheilen schon dadurch ent=
wickelt gewesen sein, daß man jene Kindeslaute auf andere Dinge
übertragen hatte. Die hebräische Sprache verdient als die älteste
angesehen zu werden, denn die chaldäische gibt sich durch ihre vielen
Anhängesilben sofort als Tochtersprache zu erkennen, das Arabische
dagegen ist zu weit und zu fein entwickelt, um für die Ursprache
gelten zu können. Bis zur babylonischen Sprachverwirrung sprach
man nur hebräisch und konnte sich diese Sprache nur bis zu ihren
weiteren Mundarten, vielleicht schon bis zum Arabischen hinleiten
lassen. Von Babel aus kam es zu einer völligen Verwirrung der
Sprachen, verschiedene Zungen thaten sich da hervor, während eine
mundartliche Trennung schon bestanden hatte. Die Vorsehung
wollte den Menschen für seinen Thurmbau züchtigen und wählte
ein Mittel, das die Menschheit auseinandertrieb und ihr weiteres
gefährliches Zusammenwirken unmöglich machte. Das Wunderbare
der Bibel soll dadurch, wie der forschende Knabe ausdrücklich be=
merkt, nicht aufhören, wunderbar zu sein; denn mit dem Namen
des Wunderbaren belegen wir alles Ungewöhnliche, während das
Staunenswürdige, was wir täglich sehen, uns nicht in seiner Wunder=
barkeit aufgeht, sondern von uns alltäglich genannt wird.

Aus dem Schlußworte, in welchem der Knabe sich an seine
Leser wendet, seine Freunde wegen etwaiger Mängel um Verzeihung

bittet, erkennen wir, daß er eine Oeffentlichkeit bei dieser Abfassung
im Auge hatte, wenn er dies sich auch nur auf vertraulichere Kreise
beschränkt dachte.   Denn sie galt ihm nur als Mittel, seiner Ein=
bildungskraft den richtigen Lauf zu geben und ihm eine Vorübung
für seine spätere schriftstellerische Laufbahn zu bieten.   Und so wurden
diese Gedanken nicht einmal seinen nächsten Freunden mitgetheilt,
sondern blieben allein dem Papiere anvertraut.   Sie mochten ihm
wohl nicht reif scheinen und nur seiner geringen Belesenheit in
sprachwissenschaftlichen Werken schreibt er es zu, daß sie ihm selbst
für neu gelten.

So zeigt sich uns hier ein Knabe, der sich nicht nur mit
Gegenständen beschäftigt, die sonst blos Sache des reifen Alters sind,
sondern der es mit all der Bescheidenheit, mit all dem Ernste, mit
all dem Mißtrauen in seine eigene Kraft, dennoch mit all dem
Selbstbewußtsein thut, das den echten Denker kennzeichnet.   Mit
fester Absicht legt er hier den Grund zu seinen späteren Be=
strebungen, und er bleibt dem hier ergriffenen Gegenstande treu
durch's ganze Leben.   Die Gegensätze zwischen den Gedanken seiner
Knabenzeit und seiner später völlig entwickelten Lehre sind zu klar,
um von uns nochmals aufgezählt zu werden; aber es besteht eine un=
unterbrochene Verbindung zwischen seinem Kindes= und Mannesstreben;
im späteren Forschen wird von ihm das früh Erkannte nur berichtigt,
keineswegs aber in seinem Grunde umgestoßen.   Blieb er der Sprach=
wissenschaft, seiner Jugendliebe, treu, so wahrte er sich auch während
seines ganzen Lebens die Liebe für den Boden, auf welchem er zu
solchem Streben erwachsen war.

Der Aufsatz, dessen hauptsächlichste Gedanken wir hier angeführt,
fand sich in seinem Nachlasse; Geiger hat nämlich jedes Blättchen,
was er geschrieben, seit seiner Kindheit gesammelt.   Ohne jede Selbst=
überschätzung hielt er, der dereinstige Verkünder der Entwickelungs=
lehre, keinen seiner Gedanken, ob reif oder unreif, für unwichtig.
Darum bemühte er sich, überall Spuren seiner jeweiligen Thätigkeit
festzuhalten, um sich jederzeit über sein eigenes Werden Klarheit
verschaffen zu können.

Am 30. April 1842 (,nach jüdischer Zeitrechnung am 20. Ijar
5602, wie Geiger in der Betrachtung, die er diesem Tage weihte,
selbst angibt,) erreichte er sein dreizehntes Lebensjahr und wurde ein
„Sohn des Gesetzes."   Er las nach der väterlichen Sitte seinen

Abschnitt aus dem Buche des Gesetzes öffentlich selbst vor, und bei der häuslichen Feier drückte er in einem Gebete den Eltern seine Dankbarkeit aus, in vollem Bewußtsein dessen, was er ihnen, was er den Eindrücken seiner Kindheit zu verdanken hatte, die mit diesem Tage ihren Abschluß fand.

Geiger als Buchhändler.

Sorglos hatte er sich bisher auf allen Gebieten der ihm zugänglichen Wissenschaft umherbewegt, ohne einen weitern Zweck, als seinen Geist ganz davon erfüllen zu lassen. Nun rückte die Frage nach seinem Lebensziele heran, und darauf war in jener Zeit die Antwort schwer zu finden. Was für bürgerliche Vortheile konnten dem Juden damals als Gegenleistung für ein etwaiges wissenschaftliches Streben geboten werden? Wohl war Geiger bei der letzten Schulprüfung öffentlich ausgezeichnet worden, wohl konnte man sicher sein, daß er als Sprachforscher Großes leisten würde. Aber damals winkte dem Bekenner des „alten Bundes" kein bedeutendes Lehramt, und wenn er von der Pflanzstätte der Wissenschaft heimkehrte, so blieb ihm nur die Wahl zwischen Taufe und anerkennungsloser Verkümmerung. Die Eltern fürchteten für die Treue ihres Sohnes gegen den Glauben der Väter, über welche sie bisher so streng gewacht hatten; sie wagten es nicht, ihn in Versuchung zu führen; und so wurde er, mochte er sich auch dagegen sträuben, für den Kaufmannsstand bestimmt.

Da er sich aber die Wissenschaft nicht ganz nehmen lassen wollte, so wählte er für sich den Beruf, in welchem nach seiner Auffassung der Gelehrte mit dem Kaufmann sich vereinen mußten; er wurde also mit Bewilligung seiner Eltern Buchhändler. Nun sträubte man sich in Frankfurt dagegen, einen Knaben in die Lehre zu nehmen, der später einmal die heimischen Berufsgenossen schädigen könnte. Es blieb nun Nichts übrig, als ihn nach auswärts zu geben, und Herr Viktor von Zabern in Mainz wurde sein Lehrherr.

Jetzt mußte der junge Handelsbeflissene daran denken, zwischen der Wissenschaft und seinem Berufe seine Kräfte und Bemühungen zu theilen, zwischen beiden Gebieten Grenzen abzustecken, um keines zu schädigen. Da mag ihm wohl der Gedanke nahegetreten sein, daß nicht das Bedürfniß, die treibende Lebensnoth beitrage zur menschlichen Geistesentwicklung, sondern grade der bedürfniß- und zwecklose Drang, der ihn selbst bisher so mächtig zur Wissenschaft getrieben hatte: eine Wahrnehmung, die später fruchtbar auf sein Lehrgebäude gewirkt hat.

Hinsichtlich des Heimwehs ging es ihm wohl, wie allen Menschen; es wurde ihm in Mainz nicht erspart. Es gab aber noch eine zweite Heimath für ihn, der er sich zu seinem Erstaunen immer mehr entfremdet sah; dies war die Wissenschaft. Sie war, in ihrer selbstlosen Erhabenheit betrachtet, beim Buchhandel Nebensache; das sah er erst jetzt ein. Ebenso machte er bald die Beobachtung, daß es keinen übleren Buchhändlerlehrling geben könnte, als ihn, da er, statt seine Waare mit kaufmännischem Blicke von außen zu betrachten und etwa blos die Vorrede zu lesen, meist daran ging, voll Theilnahme sich in das Innere manches ihn anregenden Werkes zu vertiefen. So mußte die Frage nach dem buchhändlerischen Vortheile, die dem kaufmännischen Standpunkte die nothwendigste ist, ihm bald als Entweihung von Wissenschaft und Kunst erscheinen, denen doch die Hallen des Buchhandels gewidmet sein müßten.

In der ersten Zeit mag er sich wohl in einen Eifer für das Geschäft hineingearbeitet haben, wenn eine solche Empfindung ihm auch kaum von Herzen kam. Es fehlte jedoch auch nicht an Gegenwirkungen, ihn der Wissenschaft zu erhalten. Der Sonntag war seinem Lehrherrn heilig, der Sabbat ihm selbst, da er in der Bewahrung überkommener Satzungen rücksichtlos streng war. Gerade jetzt mußte ihm der Ruhetag heilsam sein, der den Juden mit eiserner Strenge von dem Treiben der Außenwelt abschließt, dem Geiste desto freiere Bewegung zu lassen. Der Sabbat wurde von dem jungen Geiger der jüdischen Wissenschaft geweiht und in Verbindung mit ihr den semitischen Mundarten. In diese Beschäftigungen mischten sich wohl Heimweh, Stammesgefühl, Familiensinn und Liebe zur Wissenschaft; sie alle wurden durch diese Bestrebungen geweckt und befriedigt. Der Sonntag wurde für die klassischen Sprachen bestimmt, die er ebensowenig vernachlässigte, als er den Verkehr mit seinem Frankfurter Lehrer aufgegeben hätte.

Hatte er nun zwei Tage der Wissenschaft gelebt, Tage, die
ihm in Anbetracht der kommenden Eindrücke nur zu kurz schienen,
so erwartete ihn Montag früh sein Lehrherr in der Meinung, daß
nach der langen Rast sein Lehrling um so frischer in seinem Berufe arbeiten werde. Doch weit gefehlt! Da hatten sich gestern
und vorgestern viele neue Beobachtungen ihm aufgedrängt, die sich
heute in seinem Geiste herumwälzten, deren Lösung und Erklärung
ihm, wie er glaubte, bei weiterer ungestörter Ruhe leicht zugekommen
wäre. In jener Ecke sah er ein Buch liegen, dessen Titel ihm gerade
über seine Bedenken bedeutende Aufschlüsse versprach, aber das durfte
er nicht lesen, sein Beruf ließ ihm keine Zeit dazu. Mit wie
stürmischen Empfindungen mag er da wohl das Ende der täglichen
Geschäftsstunden —, die ihm nach seiner Ansicht geraubt waren,
— erwartet haben, wie wenig war eine solche Ungeduld geeignet,
ihn zur eifrigeren Erfüllung seiner Pflichten zu veranlassen, ja auch
nur die bescheidensten Erwartungen seines Lehrherrn zu befriedigen!
Abends eilte der vielversprechende Buchhändler wohl athemlos nach
Hause, warf sich stürmisch auf seine geliebten Bücher und setzte die
Arbeit fort, die ihn heute den ganzen Tag beunruhigt hatte. Wo
aber fand sein Fleiß ein Ziel? Der andere Morgen traf ihn oft
noch bei der Lampe, und der folgende Tag sah nur einen abge-
spannten, ermatteten Lehrling, der mit müdem Auge die Bücher-
haufen anstarrte und träumend alle Befehle überhörte.

Herr von Zabern konnte deshalb nicht recht mit ihm zufrieden
sein und mochte ihm wohl bemerklich machen, daß es auf diese
Weise nicht fortgehen könne. Der Jüngling selbst dachte über sich
nach und gelangte zu dem Schlusse, daß der Forscher in ihm stärker
sei, als der Kaufmann, daß jener diesen stets beeinträchtigen würde,
daß es darum besser sei, den Kaufmann fahren zu lassen, um den
Gelehrten zu retten. Da er den Einfluß der Außenwelt auf das
Innere des Menschen schon erkannt hatte, befürchtete er, seine Anlagen würden sich für solche Verkennung an ihm rächen und ihn
immer mehr und mehr verlassen. Da war sein Entschluß gefaßt:
Er wollte dem Buchhandel entsagen, um sich ganz der Wissenschaft
hinzugeben.

Trotzdem wagte er nicht, auf seine Eltern durch entschiedenes
Widersprechen einzuwirken, er befürchtete, ihnen wehezuthun. Er
wollte sie von dem wahren Berufe, den er in sich fühlte, über-

zeugen; seine demnächst abzufassenden Arbeiten sollten ihnen die Ge=
wißheit bieten, daß in ihm ein Gelehrter und kein Buchhändler stecke.
Er hatte während seines Aufenthalts in Mainz auch alles Mögliche
gethan, um zu solchen Erwartungen zu berechtigen. Mit einem
jungen Freunde ging er z. B. das Hohelied durch, dessen Zusammen=
hang und Sinn er nach zweitägiger Bemühung fand. Bald darauf
sah er freudig überrascht eine ganz gleiche Erklärung in einer ge=
lehrten Zeitschrift wieder; er hat also, wie er sich nun überzeugt, ein
Werk richtig begriffen, um welches ein Mann wie Gesenius sich
vergebens bemüht hatte. Wahrscheinlich führte die Beschäftigung
mit der Bibel ihn zu Mendelssohn; dessen Schriften hatten gewiß
einen doppelten Reiz für ihn, weil er hier einen Schicksals= und
zugleich Stammgenossen fand, einen Juden, der den Gelehrten mit
dem Kaufmanne zu verbinden hat. Auf die Dauer konnte er aus
Mendelssohn gewiß weniger Sprachkenntnisse ziehen, weil dessen Er=
klärungen von der Bibelforschung der vierziger Jahre längst über=
wunden waren; wohl aber mag er hier die Ueberzeugung gewonnen
haben, daß der gewissenhafte Denker mit dem Bekenner des väter=
lichen Glaubens nicht in Widerspruch treten könne. Daß er von
hier aus zu Herder kam, liegt wohl nicht allein an dessen geschicht=
lichen Zusammenhang mit Mendelssohn; Herder hatte, was für
unsern Buchhändlerlehrling die Hauptsache war, über das Verhält=
niß der Sprachentwicklung zur Menschheit tief gedacht, der Zusammen=
hang von Vernunft und Sprache muß ihm hier in eigenthümlicher
Weise erschlossen worden sein.

Dabei arbeitete er in den griechischen Mundarten fort, hielt
Homer und Virgil einander gegenüber und schrieb lateinische Briefe
in möglichst ciceronischen Wendungen an seinen jüngeren Bruder.
Vielleicht brachte ihn das Gegeneinanderhalten der beiden Dichter=
fürsten des Alterthums, sowie des griechischen und lateinischen Sprach=
geistes überhaupt zu tieferem Einblicke in das Wesen des Bewußten
und Unbewußten. Seine Werke zeigen uns, wie tief er in die
Einzelheiten der homerischen und virgilischen Gedichte eingedrungen
war, wie die scheinbar geringfügigsten Eigenthümlichkeiten dieser
Werke von ihm erkannt und zur Erklärung der bedeutendsten ge=
schichtlichen Thatsachen mit Erfolg benutzt werden. Das Unbewußte
des Homer und seine Größe auf der einen, das stets Berechnete
des Virgil auf der andern Seite zeigte ihm vielleicht, wie groß die

Macht des Unbewußten bei allem Schaffen des Menschengeistes sei, wogegen das Bewußtsein oft einen Hemmschuh bildet. Wir sehen ihn durch seine lateinischen Stilübungen nach einer edeln Reinheit des Ausdrucks streben, was auf die spätere Schönheit seiner Schreibweise recht wohl eingewirkt haben kann, doch sind vielleicht auch seine kühnverschlungenen Satzbildungen durch jene römischen Muster veranlaßt worden.

Bisher hatte er ein chaldäisches Wörterbuch vermißt; er faßte den Plan, diese Lücke in der Wissenschaft auszufüllen. Wenn er sein Werk veröffentlicht und die Anerkennung der Welt eingeheimst haben würde, dann, hoffte er, würden seine Eltern von selbst ihn dem Buchhandel entziehen und der reinen Wissenschaft zuwenden. Mag man sich auch das Recht nehmen, einen solchen Entschluß, in diesem Alter gefaßt, als verwegen zu verlachen — gerade diese Arbeit muß einen entscheidenden Einfluß auf seine Ansicht von der Sprachentwicklung gehabt haben. Veranlaßt doch der Versuch eines Wörterbuchs dazu, nach einer Seite hin das lautlich Gleiche, ohne Rücksicht auf die Begriffsgleichheit, aneinander zu reihen: es ist dies die alphabetische Ordnung des chaldäisch-deutschen Theils. Im deutschchaldäischen Theile dagegen hat er nur das in seiner Bedeutung Gleiche, ohne jede Beziehung zur lautlichen Verwandtschaft, zusammenzubringen. Wie weit nun Begriffsgleichheit in Lautgleichheit übergreift, wie weit sich das eine vom anderen trennt, das thaten ihm hier unzählige Beispiele kund. Da mußte ihm nothwendig der Gedanke näher treten, es gebe eine Geschichte nicht nur der lautlichen, sondern auch der begrifflichen Entwicklung, deren Beziehung zu einander noch zu enträthseln wäre.

Sein Lehrer Eberz war der ermunternde Vertraute aller seiner Bestrebungen; zu ihm wurden viele dieser Versuche geschickt, und sein Rath fehlte dem wißbegierigen Jünglinge nie.

Zu diesen wissenschaftlichen Fortschritten standen seine geschäftlichen Leistungen in mißlichem Verhältniß. Unser junger Sprachforscher in Buchhändlerlehrlingsgestalt machte sich immer weniger aus den Zurechtweisungen seines Lehrherrn, dieser dagegen hatte seinen Lehrling endlich ganz durchschaut und dessen wahre Seite erkannt. Da er ihm wohlwollte und mit seiner Strenge nur dessen Zukunft im Auge hatte, so gab er ihm schließlich den Rath, sich seinen Eltern zu entdecken und sich nicht weiter einem Berufe zu weihen, dem sein Inneres widersprach. Seiner Schwester vertraute er sich zuerst brieflich an, dann seiner Mutter; endlich wagte er es, dem Vater seine jetzigen Gesinnungen mitzutheilen. Als sich auch noch Eberz ins Mittel legte, da gaben seine Eltern nach. Die Entscheidung folgte nach einigen Wochen in einem elterlichen Briefe, der die Gewährung seiner Herzenswünsche enthielt.

Das Wort, was der weitblickende Eberz ihm vor Jahresfrist beim Abschiede zugerufen hatte: „Du wirst doch noch umsatteln", es war zur Freude Beider wahr geworden. Im September 1844 verließ Lazarus Geiger Mainz, um nach Frankfurt zurückzukehren.

Studien.

Das vergangene Jahr, so konnte er sich mit Recht sagen, war für ihn kein verlorenes gewesen. In jenem Alter, das man sonst mit dem Namen der Flegeljahre belegt, kommt leicht eine Gleichgültigkeit gegen Dinge, die uns bisher begeistert, in uns auf. Geiger war aber gerade durch den Gegensatz, den er zu bekämpfen gehabt, in der Liebe zur Wissenschaft bestärkt worden, er wußte jetzt, welches Glück darin liegt, sich ihr völlig und ungestört weihen zu können. So hatte diese scheinbare Unterbrechung seine wissenschaftliche Entwickelung nur noch weiter der Zeit vorangetrieben, als dies vorher geschehen konnte.

Er hatte sich nun auf die Sekunda des Gymnasiums vorzubereiten; daneben trieb er aber allerlei Gegenstände, die damit nur lose im Zusammenhange standen. Zunächst wurden die obengenannten, in Mainz begonnenen Schriftsteller genauer durchgearbeitet; einschlägige Arbeiten von Lessing wurden von ihm begierig gelesen; auch Rosseau soll zu dieser Zeit ernster von ihm betrachtet worden sein; vielleicht war er schon selbständig genug, dessen Verachtung aller Bildung und die damit verbundenen Träumereien von einem Urzustande der Menschheit, die nun entartet sein soll, mit der Lehre der Entwickelung aus dem Felde zu schlagen. Außerdem beschäftigte er sich mit Adelung's und Vater's „Mithridat", einem Werke, das den Bau von 500 Sprachen enthielt.

Ende Juli 1845 trat er in die Sekunda ein; nach einem halben Jahre wurde er in die Oberklasse versetzt, besuchte dieselbe andert-

halb Jahre, bis er mit dem Zeugniß der Reife die Anstalt verließ;
es geschah dies im August 1847. Hier lernte er wieder die wohl-
thätigen Schranken der Schule kennen und war gezwungen, den
bildenden Einfluß Anderer auf sein Wesen anzuerkennen. Fehlte es
seinem bisherigen Streben mehr oder weniger an Plan und mußte
er sich dabei dem Zufalle überlassen, der ihm seine Stoffe zuführte
so konnten ihn jetzt keine Nebenwege mehr weit von seinem Ziele
ablenken. Sein von jeher selbständiger Geist mußte so eine gewisse
Achtung vor dem Eingreifen überlegener Kräfte in die eigene Entwickelung empfinden, um vor jeder Einseitigkeit und übermäßigen
Selbstgefälligkeit gewahrt zu sein. Er mußte sich z. B. von einem
Herling die Mahnung gefallen lassen, bei seinen deutschen Aufsätzen
mehr bei der Sache zu bleiben und weniger in kühnen Bildern zu
reden, die seine Satzbildung überreich und daher schwerfällig machten;
er durfte nur das Nothwendige in planvoller, schlichter Darstellung
bieten. Bald mußte er das Wohlthätige einer so weisen Mäßigung
selbst empfinden und verdankt diesem Einflusse vielleicht seine so
schöne und doch möglichst klare Darstellungsweise. Schwenk, der die
Tragiker in ihren Beziehungen zur Sprachentwickelung und zur
Kunstgeschichte mit Liebe behandelte, bestärkte ihn in der Eigenart
und Selbständigkeit seines Wesens, indem dieser Lehrer seine Zöglinge
oft genug ermahnte, keine fremden Forschungsergebnisse ohne eigene
Prüfung anzunehmen.

Aus dieser Zeit stammt eine Arbeit über den Zufall, wo
seine späteren Ansichten hierüber schon im Keime enthalten sind. Der
Gegenstand ist recht bezeichnend für ein Lebensalter, wo der Mensch
seiner Eigenschaft als Sonderwesen sich erst bewußt wird und sich
frägt, ob er frei sei in seinen Entschließungen, oder ob eine ernste
Nothwendigkeit von Außen her sein Wesen bedinge. Da Geiger
schon manche Ereignisse hinter sich hatte, die ohne seine Absicht
wohlthätig auf ihn gewirkt hatten, so mußte wohl von dort her
seine Zufallslehre ihren Anfang nehmen und sich bald über Alles
verbreiten, was er als Gebilde irgend einer Entwickelung ansah.

Daß ihn der Widerspruch zwischen den Lehren der Nothwendigkeit und der Freiheit dauernd bewegt hatte, zeigte sich auch, als er
bei seinem Abgange vom Gymnasium eine öffentliche Rede im Römer-
saale zu halten hatte. Er wählte als Gegenstand das Buch Hiob,
in welchem ähnliche Gegensätze durch die am Ende erscheinende

Gottheit geklärt und aufgelöst werden. Es schmeichelte seinem
Stammesbewußtsein nicht wenig, die Augen seiner Mitbürger auf ein
dem Boden Israels entsprossenes Geisteswerk zu lenken, wobei sich
ihm zugleich Gelegenheit bot, das Wesen seines Stammes darzulegen. Er hatte dabei, des seltsam scheinenden Stoffes wegen,
manche Hindernisse zu bekämpfen, setzte jedoch seinen Willen durch
und hatte die Befriedigung, die Gedanken, die ihn begeisterten,
öffentlich aussprechen und deren zündende Wirkung bemerken zu
können.

Im Oktober 1847 bezog er die Universität Bonn, ging 1848
nach Heidelberg, besuchte von dort aus Marburg und ging 1849
nochmals nach Bonn, wo er diesen Lebensabschnitt beendete. Im
Januar 1850 finden wir ihn wieder in seiner Heimatstadt.

Man darf sich in ihm nicht einen lichtscheuen Jüngling vorstellen, der sich durch den Bücherstaub ersticken läßt — trotz seines
unermüdlichen Fleißes war er der Mann der heiteren Gesellschaft.
Unter seinen Mitschülern wird er als der muthwilligste dargestellt;
seine Munterkeit konnte eine größere Gesellschaft in Heiterkeit erhalten. Er ahmte alle möglichen Stimmen und Geberden nach
und hatte stets lustige Schnurren bei der Hand. Wer den Acht-
zehnjährigen in Eschersheim beim Glase Bier unter seinen jugendlichen Freunden sitzen sah, hätte in ihm wohl kaum den ernst ringenden Geist vermuthet, der selbst in diesem Augenblicke die tiefsten
Fragen der Menschheit im Sinne hatte. Ihm durfte, seines welt-
umfassenden Zweckes wegen, nichts Menschliches fremd bleiben.
Jedes Gespräch, ja jedes Scherzwort des Andern war ihm bedeutungs-
voll; er war sich bewußt, an jedem Orte und zu jeder Zeit neuen
Stoff zu erfassen. Es wäre aber weit gefehlt, wollte man seiner
Geselligkeit nur diesen Beweggrund unterschieben; wen nur die kalte
Forscherlust, nicht die Menschenliebe in die Gesellschaft führt, der
wird weder sich, noch Andere dort erwärmen können, er wird
ein unerquicklicher, trockener Beobachter bleiben, dem das Maaß zur
Erkenntniß fremden Fühlens, die eigene Empfindung fehlt. Besonders liebte Geiger das ernste Gespräch mit seinen Altersgenossen,
durchwachte oft mit aufstrebenden Jugendfreunden die schönen Som-
mernächte im Freien, wo alle Gegenstände der gemeinsamen Empfindung ausgetauscht wurden. Ein so seines Strebens sich stets bewußter Geist mußte dabei mit Vorliebe das Wesen der Gedanken-

entwickelung betrachten, wie durch Rede und Gegenrede manches Dunkle zum Bewußtsein kommt und welchen bedeutenden Einfluß das Wort auf die Klärung des Denkens ausübt. So genoß er lernend und lernte genießend, überall sich selbst gleich, ob er die Geheimnisse des Sanskrit oder die der edlen Reitkunst zu erforschen sich bemühte. Das geschäftliche Leben der Völker zog ihn mächtig an, und so versäumte er nicht die sich ihm bietende Gelegenheit, im Jahre 1848 einen großen Wendepunkt in der Geschichte mit klarem Blicke anzuschauen. Mit eiserner Geduld folgte er den Sitzungen der deutschen Abgeordneten in der Paulskirche und ging später von Heidelberg nach Karlsruhe, um längere Zeit bei Verwandten zu weilen, hauptsächlich aber, den badischen Aufstand in der Nähe betrachten zu können.

Auch in der Wissenschaft suchte er möglichst vielseitig zu werden. Er besuchte alle sprachwissenschaftlichen Vorlesungen, beschäftigte sich mit den Ergebnissen der Naturforschung im weitesten Sinne; auch Geschichte als Zeugniß menschheitlicher Entwickelung, wie Rechtsgelehrsamkeit als ein Hauptergebniß derselben wurden mit gleichem Eifer betrieben. Nicht die Sucht, recht viel aufzuhäufen, veranlaßte ihn zu solchem Streben auf den verschiedensten Gebieten, sondern das Bewußtsein, daß seinen Forschungen Nichts fern stehe, daß jede wissenschaftliche Erfahrung für ihn eine wahrhafte Bereicherung bedeute. Ohne diese Vielseitigkeit wäre es ihm nicht möglich gewesen, das Leben der Völker selbst, welches doch der Gegenstand aller Entwickelung ist, in seinen Wandlungen durch die Gestalt der Worte und die Veränderungen der Begriffe abgespiegelt zu sehen. Wenn auch die Sprache selbst so Vieles dem Eingeweihten und in Liebe zu ihr Begeisterten zu enthüllen vermag, so wird dies doch um so mehr der Fall sein, von je mehr wissenschaftlichen Errungenschaften begleitet der Forscher an sein Werk herantritt. Da hat er etwas, was er mit seinen Betrachtungen vergleichen kann, es sind Belege in seinen Händen, mit denen er seine Ergebnisse prüfen kann, und wenn er nach allen Seiten Uebereinstimmung zwischen seinen sprachlichen Herleitungen und dem bemerkt, was die Geschichte, die Rechtsgelehrsamkeit, die Naturforschung uns von der Vergangenheit berichtet, dann kann er um so muthiger seinen Pfad verfolgen. Wenn Geiger deshalb in seinen Werken auf so viele scheinbar außenliegende Gebiete so manche Schlaglichter wirft, so spricht er nicht

als Außenstehender, der die Sprachen für sein besonderes Fach an=
sieht und sich nebenher, so weit es ihm dazu nützt, auch mit anderen
Gegenständen beschäftigt, sondern ihm waren alle Wissenszweige gleich
werth und wichtig, allen brachte er seine ganze Empfänglichkeit
entgegen; und daß die Sprache seine ganz besondere Liebe besaß,
lag darin, daß er durch sie das Werden des Menschenthums,
dem er seine Kräfte geweiht hatte, in so überraschender Weise be=
leuchtet sah.

Der Erfolg so mannigfacher Bestrebungen blieb auch nicht aus.
Immer enger verketteten sich seine Gedanken und Folgerungen, und
als er im Jahre 1849 von Heidelberg aus Frankfurt besuchte,
konnte er seinem Freunde Dr. Theodor Neubürger von einer wissen=
schaftlichen Entdeckung berichten, die den Ursprung der Sprache zu=
gleich als den der Vernunft darlegte; daraus mußte er auch seine
allgemeine Entwickelungslehre folgern. Es lag in der Eigenthüm=
lichkeit dieses Gedankens, daß, so wenig er an sich selbst erweitert
werden konnte, doch die Belege dafür in unendlichem Maaßstabe
sich beibringen ließen. Und zwar mehrten sich diese Nachweise von
Tag zu Tag, immer mehr Gebiete des Menschenthums wurden
durch die Gewalt einer derartigen Worterklärung in das Lehrge=
bäude hineingezogen, bis schließlich der Entschluß in Geiger klar
werden mußte, nicht bloß die Wahrheit seines Gedankens durch eine
Fülle von Beispielen zu beweisen und somit sich in den bisherigen
Grenzen zu halten, die dem Sprachforscher gedeckt schienen, sondern
an der Hand dieses Gedankens und seiner Nachweise alles Mensch=
liche und überhaupt alles Vorhandene nach Möglichkeit zu beleuchten
und die Aufgabe der großen Denker durch seine Fachwissenschaft zu
erfüllen. Dadurch eben verlor sein Werk das Begrenzte, aber mit
den engen Schranken wurde ihm auch die Möglichkeit einer schnellen
Vollendung genommen.

Die Denker seiner Zeit sah Geiger in Grübeleien über die
Gesetze eines ewig feststehenden und gleichen Denkens versunken,
weil man ohne tiefergehendes Verständniß für Kant an dessen Be=
griff einer reinen, nicht entwickelbaren, sondern seienden
Vernunft festhielt. Die Fachmänner stritten gegen einander in
dunkeln Formeln, wodurch man die widersprechendsten Begriffe ge=
waltsam in Einklang zu bringen versuchte, die Welt der Erfahrung
dagegen wurde verachtet, als Erscheinungswelt dem Dinganfich ent=

gegengesetzt, und indem man nach diesem unerweislichen Etwas
suchte, glaubte über das erfahrungsmäßig Bestehende hochmütig hin-
wegsehen zu können. Eigen genug muß es Jeden berühren, wenn
er erfährt, daß unserm Sprachforscher Schopenhauers Werke gänzlich fremd geblieben sind, ja, daß er dem Denker selbst, seinem
Mitbürger, niemals nahe getreten ist. Wir müssen diese Nachricht
auf Treue und Glauben annehmen, so räthselhaft sie uns scheint,
so sehr sie dem Wesen Geigers auf den ersten Blick widerspricht.
Stieß der Weltschmerz den welt- und lebensfreudigen Forscher ab,
der sich nicht gerne mit etwas Krankhaftem abgab? Oder sah er
in Schopenhauer nur einen Formelhelden, der den andern Denkern
seiner Zeit in Frucht- und Trostlosigkeit des Schaffens Nichts nach-
gab? Bekanntlich gibt ja Schopenhauer in seinem Hauptwerke den
Grundriß einer Weltentwicklung, worin der Wille, die allem Bestehenden zu Grunde liegende bewußtlose Urgewalt, sich selbst in
immer neuen Gestaltungen verkörpert; zuletzt tritt die Vernunft und
der Träger derselben, der Mensch, aus Allem hervor, für die Erscheinung derselben sieht der Frankfurter Denker die Sprache an
und jedes Wort derselben däucht ihm ein Begriff; und gerade von
diesen Voraussetzungen ausgehend gelangte Schopenhauer zu der
Folgerung, das höchste Glück bestände in der Abtödtung des Willens,
wodurch man denselben an seiner weiteren Selbstentwicklung, an dem
Bewußtwerden seiner Selbst hindern und von sich selbst und dem
elenden Dasein befreien helfe. Wir haben in Geigers ganzer Vergangenheit die Möglichkeit, ja fast die Nothwendigkeit, selbständig
und unabhängig zu seinem Hauptgedanken zu gelangen, gefunden,
so daß es allerdings einer äußeren Einwirkung auf ihn nicht be-
durfte und selbst wenn er mit Schopenhauers Lehre innig bekannt
geworden wäre, würden wir daran festhalten, daß seine Entdeckung
bereits vorher in ihm festgestanden, und daß er nicht zum Weltschmerze, sondern in voller Unabhängigkeit von seinem Mitbürger
gerade zur Weltfreudigkeit gelangen mußte.

Geiger wollte die zeitgenössischen Bestrebungen, die über das
Geistige ohne Befragung der Sinnenwelt etwas Abgeschlossenes zu
bieten bestimmt waren, geradezu niederwerfen, wollte die Wirklichkeit
als Boden der Forschungen darstellen, von dem sie sich nicht entfernen könnten, ohne in unsichere Behauptungen zu verfallen. Dabei
sollte aber auch die Einseitigkeit jener Forscher beleuchtet werden,

die nach sinnlicher Durchmessung der Körperwelt die innere Begrün=
dung derselben gefunden zu haben glaubten und sich demgemäß be=
rechtigt fühlten, alles Geistige zu läugnen.

Wer von seiner Kindheit an mit Bewußtsein einem hohen Ziele
zusteuert und keinen seiner Knabengedanken für bedeutungslos an=
sieht, sondern sich stets gleich bleibt, dessen Beobachtungen mußten
sich schließlich irgendwo zusammenketten; und so hat man es wohl
mit uns einigermaßen begreiflich gefunden, daß der zwanzigjährige
Jüngling eine solche Entdeckung als schönste Frucht seiner Bemüh=
ungen in die Heimath trug.

In der Heimath. Lehrer und Schriftsteller.

Im Anfange des Jahres 1850 kehrte Geiger dauernd in die Heimath zurück. Er war den Hoffnungen, die man auf ihn gehegt, hinsichtlich der Wissenschaft gewiß mehr als gerecht geworden; dagegen hatte er alle ihm angebotenen Titel und wissenschaftlichen Grade von sich gewiesen. In der Stille seines elterlichen Hauses gedachte er die Folgerungen seines Hauptgedankens auszuarbeiten, kein Gebiet der Wirklichkeit unbefragt zu lassen, um für seine Entwickelungslehre möglichst viele Beweise aus der Erfahrungswelt bringen zu können. Wo nur irgend eine Sprache ihm zugänglich werden konnte, mußte er sie erlernen; wenn nur irgend eine Kunde über die fernsten und niedrigststehenden Völker zu ihm kam, so benutzte er das als Handhabe, sich weitere Mittheilungen von dort zu verschaffen. Die vergleichende Völkerkunde, die gerade in dieser Zeit durch Erforschungsreisen zu ihrer Blüthe gelangte, bot ihm all ihre Hilfsmittel dar, und so konnte er das Menschenthum in seinen verschiedenartigen Gestaltungen betrachtet, konnte den Geist von Völkern mitempfinden, die dem Urzustande unseres Geschlechtes sehr nahe zu stehen schienen; und alle diese Erscheinungen, die sonst geeignet gewesen wären, zerstreuend und verwirrend auf ein Streben zu wirken, sie füllten unserem Forscher vielmehr die Lücken seines Baues aus, sie boten ihm Beweismittel für so manche im Voraus aufgestellte Behauptung,

weil sein Gegenstand die Menschheit selbst war. Er war darin ganz
der Sohn seines Jahrhunderts, daß er lieber mit Thatsachen, als
mit verschwommenen Begriffen arbeitete, wenn er auch darin dem
Drange der früheren Denker treu blieb, daß er nicht ganz in That=
sächlichkeit aufging, sondern als Hintergrund aller dieser Einzelheiten
einen großen Gedanken wahrte. Er mußte das innerste Weben und
Werden aller Völker mitfühlen, ihre verschiedenartigen Glaubens=
und Sittenlehren, ihre Kunst und Wissenschaft, ihr staatliches und
häusliches Leben — all das hing eng mit der Geschichte der Sprache
und Vernunft zusammen.

Derartige Bestrebungen sind groß genug, um die Kraft des
höchstangelegten Geistes dauernd für sich in Anspruch zu nehmen.
So bot ihm sein einsames Zimmer stete Befriedigung, um alle
weiteren Anforderungen, die das Leben an den Menschen stellt,
völlig darüber zu vergessen. Aeußere Vortheile, fürchtete er, wür=
den ihm die Wissenschaft nur von Seiten ihres Nutzens liebenswerth
machen, eine reine Freude an ihr selbst würde er dann nicht mehr
empfinden; der Kampf um Erfolge könnte ihn aus seinem bedürf=
nißlosen und darum so beseligenden Frieden reißen und über Neben=
ziele seine Lebensaufgabe vergessen lassen.

Um sich einen scharfgezeichneten Plan zu wahren, legte er in
einer sehr umfangreichen Einleitung im Voraus seine Ergebnisse
nieder; das vermag uns allein einigen Ersatz für das nicht vollendete
Werk seines Lebens zu bieten. Ja, es ist demjenigen, der ihm
nachzuempfinden versteht, nun eine noch verlockendere Aufgabe, aus
den Andeutungen Geigers sich die Vollendung des großen Baues
zu denken, wie der Freund schöner Bauformen einem unvollendeten
Dome gegenübersteht. Diese Einleitung enthält Alles, was später
ausgeführt wurde, mit aller Klarheit hat der junge Forscher hier
den Grundriß des Gebäudes gezeichnet, woran er später nicht eine
Linie zu ändern brauchte.

Er arbeitete dann mit peinlichster Gewissenhaftigkeit bis zum
Jahre 1859, brachte bis dahin einen Theil seines Werkes zum Ab=
schluß und sandte es der J. G. Cotta'schen Buchhandlung ein;
glaubte er doch keinen geringeren Verlag zu verdienen, als dem die
ersten Geister Deutschlands ihre Werke anvertraut hatten. Er be=
trachtete seine Darstellung nicht als eine blos gelehrte Kundgebung,
sondern sie sollte die Gestalt eines Kunstwerkes an sich tragen,

darum sollte sie durchaus einem Verlag angehören, der schon die
Bürgschaft in sich bot, daß die dort erscheinenden Schriften durch
ruhige, großartige Vornehmheit sich über das Gewöhnliche erhoben.

Aber seine Hoffnungen auf Annahme der Schrift wurden bitter
getäuscht; es war eben zu wenig von dem buchhändlerischen Geiste
in ihm geblieben, als daß er eine Zurückweisung hätte ahnen können.
Die Antwort lautete, daß die sturmvollen Ereignisse der Gegenwart
—, Europa blickte eben gespannt auf Italien, das um seine Einig=
keit kämpfte, — dem Erscheinen eines derartigen Werkes nicht günstig
sei und der Verleger deshalb das Anerbieten ablehnen müsse.
Freilich enthielt der Nachsatz eine Vertröstung auf spätere Zeiten;
aber konnte das nicht die in solchen Fällen übliche Versüßung einer
bittern Pille sein?

Dieser Umstand wirkte bestimmend auf das gesammte spätere
Geiger'sche Wirken.

Nach außen mag er wohl bei diesem ersten Mißerfolge völlige
Ruhe gewahrt haben; sein Freund Theodor Neubürger redete ihm
zu, es mit anderen Verlegern zu versuchen, er bestand aber darauf,
sein Werk bei Cotta erscheinen zu sehen. Sollte jener Nachsatz der
Cotta'schen Antwort Wahrheit gewesen sein, so würde er, wie er
dachte, durch voreiliges Abschließen mit einem anderen Verlage der
Ehre verlustig gehen, später einmal den Namen Cotta auf seinem
Buche zu sehen. Oder fürchtete er weitere Zurückweisungen und
verletzten diese sein Selbstgefühl zu sehr, als daß er, dem sein Ge=
danke so hoch stand, der seiner Auffassung alle Forscherkräfte weihte,
denselben öfter der Verachtung von Seiten der Verleger ausgesetzt
hätte? Hielt ihn dies ab, noch weiter sein Glück zu versuchen?

Schließlich fand er ja wohl Trostgründe. Wie Spinoza sah
er sich mehr auf den Nachruhm, als auf die unsichere Anerkennung
seiner Zeitgenossen angewiesen. Schon im Voraus freute er sich
auf einstige Kämpfe um seine Lehre, auf den guten Einfluß solcher
Reibungen; einst, hoffte er, würden die Wenigen, die ihn verstanden,
als begeisterte Kämpfer sich für den dahingeschiedenen Forscher er=
heben. Doch verband er mit diesem Selbstbewußtsein eine rührende
Bescheidenheit. Er arbeitete im Stillen fort, seine wahren Ergeb=
nisse verbergend, um sie besser auszubilden; fern von mitstrebenden
Gelehrten hatte er in sich selbst den einzigen Maaßstab seiner Leist=
ungen. Dadurch wuchs seine Selbständigkeit, wenn ihm schon der

belebende Einfluß gleichartiger Geister fehlte. Durch sie wären seine
Gedanken mehr in Fluß gekommen, der lebendige Austausch der=
selben hätte ihn mehr zur Vollendung und Abrundung seines Werkes
gedrängt, während er seine Ergebnisse so, sich selbst überlassen, ge=
danklich anwachsen ließ, wie ja der Einsame überhaupt den innigeren
Verkehr mit seiner Gedankenwelt liebt, während die Gesellschaft durch
ihren Einfluß zu festen Gestaltungen treibt. Darum ließ Geiger
völlige Werke in seinem Geiste schlummern; mußten doch ebenso wie
über die Sprache in seinem Innern Entwicklungsgedanken über
Glaubenssatzungen und das Gebilde des Staates, über das Werden
der Kunst und des Sittenbewußtseins sich bilden, weil sein Blick
über Alles streifte. In seinen Werken findet man Andeutungen
über alle diese Gegenstände; aber er hatte darüber, wie seine Freunde
versichern, in seinem Innern völlige Werke ausgearbeitet, wovon
eben nur noch Nichts auf dem Papiere stand. Wir haben es am
Schlusse des ersten Theils versucht, einige der wichtigsten Folgerungen
im Sinne Geiger's zu ziehen, aber nur er allein konnte uns völlige
Gewißheit über die weitere Ausbildung seines Gedankens bieten, da
sonst der Nachgeborene die eigenen Ansichten in seine Auffassungen
hineinzulegen sich versucht fühlt. Die große Selbstlosigkeit ist oft
ein Hemmniß für das geistige Streben, und wer seine Lehren der
Zukunft anvertraut und in der Einsamkeit ihr entgegenstrebt, der
geräth in Gefahr, mit zu großer Liebe an seinen Gedanken zu
hängen und einen Abschluß, der einem Abschiede von ihnen ähnlich
sähe, zu scheuen. Im Verkehr mit dieser seiner innern Welt fehlt
ihm schließlich jedes Bedürfniß, aus der trauten und so fesselnden
Stille herauszutreten, und die Wissenschaft hat endlich diese seine
Selbstlosigkeit tief zu beklagen gehabt, indem dadurch nicht Alles,
was in Geiger sich entwickelt hatte, veröffentlicht wurde.

So arbeitete er fort, zufrieden mit dem, was ihm geboten
war, unabhängig von jedem Amtsverhältnisse. Wohl gab er Ein=
zelnen Unterricht, war aber zu stolz, sich denselben bezahlen zu
lassen; der dadurch ermöglichte Gedankenaustausch war ihm ja
Lebensbedürfniß. Fand er in Jemandes Gemüthe einen empfäng=
lichen Boden, dann erwärmte sich sein Herz, er ging mit dem neuen
Freunde ins Freie hinaus und manches Samenkorn fiel da frucht=
bringend in die jugendliche Seele. Wie sehr ihm das Lehren Be=
dürfniß war, zeigte er an Sabbatnachmittagen, wo er der altjüdischen

Sitte gemäß, einen Kreis von Glaubensgenossen um sich ver=
sammelte, um ihnen den Thoraabschnitt im Anschluß an den Midrasch
und an Raschi's Ausführungen zu erklären. Dabei hatte er den
großen Vortheil, daß ihm diese Werke, die Vertrauten seiner Jugend,
auch jetzt, nachdem sein Gedanke gereift war, immer wieder nahe=
traten, und es zeigt sich dieser stete Verkehr mit den Wissenszielen
seiner Kindheit in den treffenden Bemerkungen, welche sein Haupt=
werk jenem Schriftthume entnommen hat; er überschaute mit einem
Blicke die Art des Midrasch, der die Wortgestalt sinnig deutet, wie
auch die neuesten Forschungen der Sprachwissenschaft, so daß er die
Geschichte aller dieser Richtungen klar erkannte.

Im Jahre 1861 erging der Ruf von Seiten der jüdischen
Realschule an ihn, für den verstorbenen J. M. Jost einzutreten.
Anfangs fürchtete er, durch das Heraustreten aus seiner trauten
Einsamkeit seinen Bestrebungen entrissen zu werden. Aber die Be=
dürfnisse des Lebens drängten immer mehr dazu, einen Beruf zu
ergreifen, und so trat er endlich im April 1861 als außerordent=
licher Lehrer ein. Bald wirkte der Umgang mit der empfänglichen
Jugend erfrischend auf sein ganzes Wesen, sein reges Pflichtgefühl
ließ ihm den Wirkungskreis immer lieber erscheinen, denn er war
ja kein trockener Gelehrter, der ein berufsmäßiges kräftiges Wirken
im Leben für zwecklos angesehen hätte. Für seine Erkenntniß des
Unbewußten war der Verkehr mit der Kinderwelt besonders wichtig,
er sah in der Schule klarer als anderswo das Wachsen des Geistes
und der Begriffswelt, und nicht wenige seiner wahren Anmerkungen
über diesen Gegenstand hat er den thatsächlichen Erfahrungen zu
danken, die er an seinen Schülern gemacht hat.

Man kann sich schwer vorstellen, wie ein Mann mit weltum=
fassenden Gedanken, die den Zeitgenossen noch ein Geheimniß waren
und die mit jedem Worte des Gesprächs in engster Beziehung stan=
den, der reiferen Jugend gegenüberstand, ohne dem mächtigen Triebe
der Mittheilung zu folgen. Er hatte, dem Vertrage gemäß, an
der Gemeindeanstalt mathematische Geographie, deutsche und he=
bräische Sprache, wie biblische Geschichte zu lehren. Diese Gegen=
stände waren tiefbedeutend, aber mit seinem Blicke durfte er die
Jugend dieselben nicht schauen lassen, er mußte sich damit begnügen,
sie ohne alle Beziehungen zur Entwicklungslehre den angehenden
Jünglingen klarzulegen. Doch trat der Denker in ihm, wie sich's

10

kaum anders erwarten läßt, besonders den reiferen Schülern gegen=
über, oft hervor, hauptsächlich beim deutschen Unterricht in den Ober=
klassen. Er las z. B., nachdem die einzelnen Auftritte eines
Schauspiels gemeinsam erörtert worden waren, gern selbst einen
Aufzug vor, dabei führte er seine Schüler in genußreicher Weise
ins Innere der Kunst ein, denn hier war ihm ja keine Grenze
gesetzt. Wenn er Aufsatzstoffe gab, spielte er sie gerne auf das
Gebiet geistiger Erörterungen hinüber. Verstand ihn die Jugend
nicht sofort, so ließ er seiner Liebe für Gedankenentwickelung die
Zügel schießen, er fragte kreuz und quer, bis der Gegenstand scharf
vor seinen Schülern stand und sie statt für einen Aufsatz den
Stoff für Mehrere gefunden hatten. Ueberschritt er da auch die
Grenzen seiner Aufgabe, so war er sich bewußt, nicht fehlzugreifen,
indem die Zukunft Alles würde reifen lassen. Wem etwas dunkel
geblieben war, dem setzte er es bereitwillig in seiner Wohnung aus=
einander; hier betrachtete er seine Schüler gern als seine Gäste und
ließ ihnen Erfrischungen reichen.

Die Beschäftigung in seinem Lehrberufe festigte seinen innern
Frieden, und so kehrte er stets mit neuer Freude zu seiner haupt=
sächlichen Thätigkeit zurück. Als froher Gesellschafter bekannt, stellte
er auch auf der Liebhaberbühne wohl seinen Mann, stets bereit,
die Arbeit zu verlassen, wenn er geselligen Freuden sich weihen
konnte. Oft ging Theodor Neubürger in früher Morgenstunde bei
ihm vorbei, und noch brannte oben im Denkerstübchen die Lampe.
Er ging dann hinauf, holte den Gelehrten von seinen indischen
Büchern fort, und der Forscher war sofort bei der Hand, den Arzt
zu begleiten.

Diesem Freunde war ein steter Einblick in sein Wirken ver=
gönnt, und so hatte er auch großen Einfluß auf Geiger. Als er
im Jahre 1868 nach Stuttgart reiste, bewog er seinen Freund, ihm
das Werk nochmals anzuvertrauen; Geiger war zwar überzeugt,
daß der Erfolg dem früheren gleiche werde. Wie freudig muß es
ihn bewegt haben, als sein Freund ihm die Annahme berichten
konnte, als er hoffen durfte, in Kurzem seine Meinungen vor dem
Richterstuhle der Oeffentlichkeit geprüft zu sehen!

Es ist nun an der Zeit, der Arbeiten zu gedenken, welche
Geiger schon vorher veröffentlicht hatte.

Bevor er mit seiner Entwicklungslehre hervorgetreten war,

hatte Darwin's Abstammungsgedanke großes Aufsehen erregt und
heftige Spaltungen im Lager der Naturforscher hervorgerufen. Der
Engländer war demnach dem Deutschen zuvorgekommen. Geiger,
der bisher mit seiner Anschauung allein dagestanden hatte, der bei
aller ihm innewohnenden Bescheidenheit die große Wirkung seines
neuen Gedankens schon berechnet hatte, er sah durch den Entdeckerruhm
nun einen Anderen beglückt, und wenn er jetzt mit seinem Werke
ans Licht kam, so war er, wie sehr er sich von Darwin auch unter=
schied, wie sehr er immerhin von vielen Bestandtheilen der Ab=
stammungslehre sich abgestoßen fühlte, doch stets der Zweite, man
konnte ihn wohl für einen Gelehrten halten, der die Anwendung
der Darwin'schen Lehre auf die Sprache versuchte — wer mochte
es aber als selbständige Entdeckung von seiner Seite ansehen?

Da zog er 1865 ein acht Jahre früher abgefaßtes Heftchen
aus der Verborgenheit seines Schreibtisches hervor. „Ueber Umfang
und Quelle der erfahrungsfreien Erkenntniß" benannte er den Aufsatz,
den er bei Franz Benjamin Auffarth in Frankfurt in Verlag gab.

Wer aber konnte in diesem bescheidenen, mit Titelblatt und
Vorrede nur zwei Bogen starken Büchlein so bedeutende und bahn=
brechende Gedanken vermuthen, wie sie Geiger darin über das Ver=
hältniß der Vernunft zur Erfahrung, über das, was der Vernunft
ohne Erfahrung eigen ist, über die Vergangenheit und die mögliche
Zukunft der Vernunft aufstellte? Außerdem schien der Verfasser
einen größeren Leserkreis kaum im Auge gehabt zu haben, denn all
die Mittel, die dazu dienen, einen wissenschaftlichen Gedanken zu=
gänglich zu machen, sind hier außer Acht gelassen. Selbst den
Wenigen, welche einen steten Einblick in Geiger's Bestrebungen hatten,
konnte der wahre Inhalt dieses Aufsatzes erst nach langem Nach=
sinnen klar werden — für Außenstehende ging diese Veröffent=
lichung völlig verloren. Dunkle, räthselhaft verschlungene, kaum zu
entwirrende Satzgefüge setzen den Leser in Erstaunen, und da Geiger
die darin behandelten Wahrheiten durch keine Beispiele zu verdeut=
lichen gesucht hatte, so mußte Vieles geradezu als Ausfluß einer
schwärmerischen Geheimlehre gelten.

Es that dem Verfasser jedenfalls leid, schon jetzt mit der
eigentlich sprachwissenschaftlichen Begründung seiner Sätze aufzutreten,
da sein Hauptwerk Alles im Zusammenhang enthalten sollte. Wir
erkennen in jedem Satze dieses Werkchens den Schriftsteller, welcher

nicht durch die Noth des Augenblicks getrieben schreiben muß und
dem außerdem die laute Anerkennung kein Bedürfniß ist, der in
seiner Vornehmheit mehr errathen sein will, als daß er seinen
Lesern entgegenkäme, der ihnen mehr zu dienen glaubt, wenn er
sie zwingt, an Räthseln ihre auslegende Kraft zu üben, als wenn
er von vornherein Alles schon klargelegt hätte.

Er mußte, da er sich noch nicht verstanden sah, um geradezu
mit seinen Zeitgenossen in Berührung kommen, das, was er erkannt
hatte, ihrem Verständnisse näher zu bringen suchen; und da sich die
Welt nicht geneigt zeigte, aus eigenem Willen zu dem einsamen
Gelehrtenstübchen des Denkers und Sprachforschers sich hinauf zu
bemühen, so mußte er zu ihr herabsteigen und die Sprache der
Sterblichen zu reden versuchen.

Als 1867 die Aerzte und Naturforscher in Frankfurt ver=
sammelt waren, hielt er jenen vielbewunderten und vielangefeindeten
Vortrag „über den Farbensinn im Alterthume." Ueber „die Schrift"
sprach er in der Würzburger Philologenversammlung; im inter=
nationalen Congreß für Geschichte zu Bonn legte er 1868 seine
Gedanken über „die Urgeschichte der Menschheit im Lichte der
Sprache und mit besonderer Beziehung auf die Entstehung der
Werkzeuge" dar; zu späteren Vorträgen gehört der 1870 im Saal=
bau zu Frankfurt gehaltene „über die Entstehung des Feuers."
Noch führen wir an „über die Sprache und ihre Bedeutung für
die Entwicklung der Menschheit" und „über den Ursitz der Indoger=
manen." Diese Arbeiten stellen den oder jenen Theil des Geiger=
schen Hauptwerkes zum Theil als Vorboten, zum Theil als Nach=
züglicher in volksthümlicher Weise dar, und später wurden die meisten
davon unter dem Namen „zur Urgeschichte der Menschheit" gesam=
melt. Indem er als Vortragender auf Mittel sann, bei seinen
Zuhörern Verständniß hervorzurufen, mußte sich auch seine schrift=
stellerische Art umwandeln und die Vereinigung von wissenschaft=
licher Vornehmheit, sprachlicher Schönheit und nüchterner Klarheit
mußte ihm nun als erstrebenswerthes Ziel erscheinen.

Das Hauptwerk, dessen erster Theil, wie gesagt, 1868 erschien,
verfehlte in den Kreisen, die es verstanden, seine Wirkung nicht.
Männer wie Steinthal, wie sie sich auch später zu ihm verhielten,
standen nicht an, ihn unter dem ersten Eindrucke des bedeutungs=

vollen Werkes für den gelehrtesten und scharfsinnigsten Sprachforscher
unserer Zeit zu erklären.

Die eigenartige Schrift Geiger's hält sich an keine gelehrte
Form, sondern ganz an die Gesetze, nach welchen uns solche Gedanken nahetreten können. In scheinbar buntem Wechsel bringt sie
uns bald Unmassen zu vergleichender Sprachbeispiele, bald umfassende Lautgesetze und Begriffsentwicklungen, bald, aus dem Besondern heraustretend, allgemeine Weltgesetze, diese oft in feierlichster
Sehersprache. Bei genauerem Einblicke erst tritt uns der große
Plan entgegen, zwanglos sehen wir eins aus dem andern erwachsen, Folgerung an Folgerung sich reihen, und sind wir hin und
wieder gezwungen, über einen kühngebauten Satz zu grübeln, so
verlohnt es sich wohl der Mühe.

Statt einer Fortsetzung folgte im nächsten Jahre „Ursprung
der Sprache," in welchem Werke er einen fesselnden Ueberblick über
seine bisherigen Darlegungen bot und die Zielpunkte seiner Bestrebungen erläuterte. Hier schwingt sich Darstellung und Sprache
zu einer Schönheit und lichtvollen Klarheit empor, daß jeder Leser
entzückt an den Sätzen hängt, die so wohlgerundet und dabei so
gehaltvoll dem Denker entflossen sind. Dieses Werk bietet uns
einen Ausblick auf den ferneren Pfad, den Geiger bei längerem
Leben beschritten hätte.

Der zweite und dritte Theil von „Ursprung und Entwicklung
der menschlichen Sprache und Vernunft" liegt bloß im Entwurfe vor
uns, den der Bruder des Verstorbenen, Herr Alfred Geiger, aus
dem Nachlasse desselben veröffentlicht hat. Hier werden wir in die
Werkstatt des Denkers geführt, wir sehen nicht das Vollendete, sondern das Werdende vor uns, wir bewundern die Gewissenhaftigkeit
des Gelehrten, der immer noch nicht mit sich abzuschließen wagt,
sondern der Entwicklung neuer Gedanken stets noch Raum läßt.
So ist diese Hinterlassenschaft das Denkmal eines unermüdlich nach
Wahrheit ringenden Geistes geworden.

Jetzt hätten sich seine Anschauungen wohl bald zu schrift-
stellerischen Gebilden gesammelt, in schnellem Fluge wären seine
Werke erschienen, denn er brauchte ja nur Das festzustellen und auszu-
führen, worüber er Jahre lang gegrübelt. Wenn er seine Ergebnisse im Voraus feststellte, so bewog ihn dazu durchaus nicht die
Ahnung eines schnellen Todes; er glaubte, da sein Körper so vielen

Anstrengungen Trotz zu bieten gewöhnt war, ein hohes Alter hoffen zu dürfen, wie es in seiner Familie erblich schien. „Und lebte ich achtzig Jahre in steter Arbeit," so rief er oft aus, „ich würde doch kaum zum geringsten Theile fertig werden."

Dabei war er in seiner Gutmüthigkeit stets bereit, irgend einem guten Zwecke viele seiner kostbaren Stunden zu opfern; es war also keine Lorbeerselbstsucht, die ihn erfüllte. Als die Creizenachstiftung ihre Bestimmungen verändern wollte, arbeitete er in vielen Abendsitzungen eifrig mit; die etwaige Einführung eines neuen Lesebuchs konnte ihn zu eingehenden Gutachten veranlassen. Mit welcher peinlichen Sorgfalt aber selbst das Kleinste von ihm behandelt wurde, das zeigt die Programmabhandlung vom Jahre 1870 „Ueber deutsche Schriftsprache und Grammatik mit besonderer Rücksicht auf deutsche Schulen." Sind derartige Einladungsschriften oft die bloßen Lückenbüßer, die mit dem Augenblicke kommen und verschwinden, so haben wir hier ein Werkchen von dauerndem Werthe vor uns. Wir sehen Geiger hier als Meister auf dem Gebiete der Unterrichtswissenschaft, die er gewiß schriftstellerisch noch viel gefördert hätte. Er, der Verkünder der unbewußten Sprachwerdung, will, daß der jetzigen Jugend die Sprachlehre in strengster Weise gelehrt werde, da das Vorhandene stets als das Mustergültige zu betrachten sei. Diesen Gedanken vertheidigt er gegen Jakob Grimm, der die deutsche Sprachlehre aus der Schule verbannt wissen wollte, weil, da man der Jugend doch keine geschichtliche Darlegung all' der jetzigen Sprachgebilde geben könne und die Berechtigung unserer augenblicklichen sogenannten gebildeten Sprache doch nur eine geschichtliche, keineswegs eine ewige sei, durch einen von der Schule gebotenen Regelzwang eben der freien Entwicklung jeder Raum versagt wird und die Eigenthümlichkeiten, welche sich der Einzelne auf Grund der hergebrachten Mundart erlaubt, für falsch ausgegeben werden. Die Annahme der hochdeutschen Mundart als Sprache der Gebildeten will Geiger keineswegs auf papierene Buchstabenregeln zurückführen, vielmehr hätten sich hierin die Mundarten Hessens, Frankens und Thüringens vereinigt und die gemeinsamen Verhandlungen auf den Reichstagen und am kaiserlichen Hofe hätten ausgleichend auf die Stammesunterschiede gewirkt. Es wäre nach Geiger's Ansicht sehr einseitig, wollte man Luther als Schöpfer der jetzt gebräuchlichen hochdeutschen

Sprache ansehen. Er richtete sich schon nach etwas Gegebenem, nach der Redeweise der Sächsischen Kanzelei, welcher die deutschen Kaiser und Fürsten in Allem folgten. Nur das gab Geiger zu, daß Luthers Auftreten und die volksthümliche Kraft seiner Schriften dieser Schreibweise das Uebergewicht in Deutschland verschafft hat. Darum wissen die alten Sprachlehrer schon von einer gemeinsamen deutschen Sprache zu reden. Geiger bestreitet es entschieden gegen Raumer und Schleicher, daß unsere gebildete Mundart eine bloße Schriftsprache gelehrten Ursprungs sei; es würde gerade der kräftigen englischen Sprache schlimm gehen, wenn man den Einfluß gelehrter Sprachmengerei auf ihre Gestalt untersuchen wollte; selbst das heutige Schwedische und Dänische habe unter dem Einfluß unserer Schriftsprache seine altnordische Gestalt ganz verloren. Die alten Sprachen hätten einen derartigen Einfluß fremder Mundarten freilich weniger zu empfinden gehabt; aber selbst die Schrift der Römer, ja, ihr gesammtes schriftstellerisches Leben sei griechischen Ursprungs und zeige den herrschenden Einfluß von Hellas. Cäsar hätte über Sprachlehre, Lucilius, ein Vorgänger des Horaz, über Rechtschreibung, und Ennius über Buchstaben und Silben geschrieben. Ein Gegensatz zwischen Volks= und Schriftsprache sei auch bei den Griechen zu bemerken gewesen, der griechische Satzbau in seiner Vollendung sei ein Ergebniß wissenschaftlichen Ringens gewesen. Ebenso seien mundartliche Dichtungen unserer Zeit von der Hochsprache beeinflußt, und ein heutiger Allemannensänger würde unbedingt in Hebel sein Muster sehen, ohne ganz ursprünglich bleiben zu können. — Da das Kind nun nicht aus sich selbst entwickelnd die Sprache beeinflußt, sondern dieselbe überliefert auf Treu und Glauben annimmt, so müsse ihm das Sprachgefühl anerzogen werden, eine Entwickelung der Sprache würde dadurch nicht verhindert, weil dieselbe niemals Sache des Einzelnen sein könne, höchstens würden auf diesem Wege Fehler vermieden, Fehler gegen den Gebrauch, der sowohl die Mundart, als die Hochsprache beeinflusse. Es sei ebenso unnütz, wie bedenklich, die Hochsprache durch Vermittelung der Mundart lehren und so einen Gegensatz erst schaffen zu wollen, der in Wirklichkeit nicht bestehe; das Kind, ob auch in der Mundart erzogen, verstehe dennoch sofort die Sprache der Gebildeten. Demnach hält Geiger an der Forderung fest, die Gesetze der hochdeutschen Rede und Schrift in der herkömmlichen Ordnung

zu lehren, ja nicht ein an das Besprechen von Lesestücken sich an=
schließendes Durcheinander, das man für eine Nachahmung der
freien Gedankenentwickelung ausgäbe, an dessen Stelle zu setzen;
wozu die nach so langen Bemühungen endlich von uns erlangte
wissenschaftliche Ordnung aufgeben, um eine Neuschöpfung derselben
in jedem Menschen zu versuchen? Da in unserer Zeit nicht blos
die selbständigen schöpferischen Geister, sondern auch gewöhnliche
Sterbliche richtig und gut schreiben wollten, so sei es gut, das
Mögliche nach Regeln festzustellen, nicht der Willkür jedes Einzelnen
zu überlassen. Unser Deutsch würde durch Vernachlässigung dieser
Wissenschaft gestaltlos, und das Band des schönen Satzbaues
würde schließlich zerrissen werden. Ein Homer, ein Sophokles hätte
keineswegs die Regel beherrscht und sich über sie gestellt, sondern
sie befolgt, ohne sich dessen bewußt zu sein. Man dürfe aber auch
nicht, wie Becker gewollt, den Satzbau unter den Zwang der Denk=
gesetze stellen, so daß demnach genau zu bestimmen wäre, womit
ein Satz beginnen, womit schließen müsse. Man müsse in der Schule
von der Betrachtung der Wortklassen ausgehen, beim Thätigkeits=
worte seien genau die Zeiten und der Gebrauch der Möglichkeits= und
Bedingungsformen zu beachten und darauf erst lasse sich die Satz=
lehre gründen. Die Eintheilung der Sätze zu lehren, die Köpfe
mit den Begriffen „nackter, bekleideter oder erweiterter Sätze" zu
füllen, das hielt Geiger für nebensächlich, weil es die Sicherheit
im Gebrauche der Sprache nicht erhöhe. Auch wandte er sich gegen
die Kleinmeisterei, welche dem Sprachgebrauche zuwider Ausdruck
und Rechtschreibung zu modeln bemüht sei und sich so außerhalb
aller Entwicklung stelle. Man möge der Sprache in jenen wenigen
streitigen Fällen nur immer ihre Freiheit lassen. So war Geiger
in der Schule durchaus nicht mit der Sucht behaftet, ursprünglich
scheinenden Gedanken durch Versuche Wirklichkeit zu verleihen, son=
dern ihn lenkt die Zweckmäßigkeit allein, wenn er Bewußtheit statt
unwillkürlicher Entfaltung verlangt. — In diesem Werkchen, das
später bei Auffarth erschien, zeigt es sich uns klar, wie Geiger jedes
Verhältniß, in das er getreten, zu seinen großen Zwecken zu benutzen
mußte, wie viel er seinem Lehrberuf und wie viel sein Lehrberuf ihm
zu danken hatte, wie es für ihn nichts eigentlich Geringfügiges und
Unwichtiges gab, sondern wie Alles, sobald er es berührte, „in der
Gestalt der Ewigkeit" erscheinen mußte. Darum entzog er sich keiner

derartigen Aufgabe. Zu andern Zeiten sah man ihn mit bedürf-
tigen Ausländern, die des Deutschen nicht kundig waren, sich be-
fassen, um ihre Angelegenheiten zu ordnen; auch unterbrach er
wohl seine Arbeiten, um einen Kranken zu besuchen, ihn dadurch
zu erfreuen — das galt ihm dann mehr, als seine höchsten Ziele.

Gerade war er daran, seine Vorlesungen über das Entstehen
von Glaubenslehren auszuarbeiten, da überfiel ihn ein asthmatisches
Uebel, das sich bald als ein unheilbares Herzleiden herausstellte.
Obschon sein Freund Theodor Neubürger, der ihn behandelte, seinen
Zustand vor ihm zu verheimlichen suchte, war doch Geiger selbst
sehr klar darüber und sah sein Ende voraus. Er sollte seine Angehörigen, besonders seinen Vater, den achtzigjährigen Greis verlassen, seine bejahrte Mutter sollte ihn verlieren; jetzt kam noch der
Schmerz über so viele Geistesergebnisse hinzu, die nun mit ihm in
die Gruft hinunter mußten, ohne das Licht der Oeffentlichkeit er-
blickt zu haben. Wie mag er sein langsames und zu peinlich
genaues Arbeiten bereut haben — vielleicht stand er sonst schon am
Ziele. Aber er mußte wieder daran denken, daß es für seine von
der Erfahrung abgeleiteten Ergebnisse kein Ziel gebe, daß er eigentlich n i e fertig geworden wäre; daß vielleicht Spätere seine Andeutungen verstehen und das darin enthaltene Vermächtniß weiter
benutzen könnten. Dadurch konnten sich seine Empfindungen mil-
dern. Den Tod an sich selbst fürchtete er nicht, da sein Selbstbewußtsein mit hohem Muthe sich vereinte, und der Rückblick auf
sein Leben brauchte ihm keine bitteren Empfindungen einzuflößen;
er konnte mit sich zufrieden sein.

Hier ist es wohl am Platze, zu fragen, welche Stellung Lazar
Geiger dem Glauben seiner Väter gegenüber eingenommen hat.
Man ist es nicht gewöhnt, derartige Forscher sich als Angehörige
einer Glaubensgenossenschaft vorzustellen. Mit einem gewissen Stau-
nen wird man schon aus manchen Angaben ersehen haben, daß
Geiger im Leben sich ohne Rückhalt für Aufrechterhaltung des überlieferten Judenthums erklärt hat, was bei tieferem Einblicke in das
Wesen dieses Mannes uns begreiflich werden muß, wenn wir nicht
gerade hier vor einem Räthsel stehen bleiben wollen.

Wenn man geneigt wäre, darin eine bloße Rücksicht des
Denkers gegen seine überaus geliebten Eltern und deren Anschauungen zu sehen, so wird man durch die, welche ihm im Leben

immer nahegestanden, erfahren, daß es bei so wichtigen Fragen
keinerlei schwächliche Empfindungen für ihn gab, daß er einer Wahr=
heit zuliebe alle Gefühle verachtet hätte. Wir brauchen uns darin
keineswegs auf Vermuthungen zu stützen, sondern nur die Auf=
fassung heranzuziehen, welche Geiger selbst im Grundrisse seiner
nicht vollendeten Betrachtung über das Judenthum andeutet.

Er wies überhaupt die Auffassung weit von sich, daß irgend
welche Gründe oder Zwecke ihn am Judenthume festhalten
sollten; denn wenn ihm das Recht zuständé, aus Gründen Jude
zu sein, so würde ihm das Recht der bedenklichsten Art daraus
erwachsen, wenn er die Gründe nicht kennen oder sie nicht finden
würde, dem angestammten Gesetze zu entsagen. Er fühlte sich durch
das Ueberlieferte gebunden und hielt sich nicht für berechtigt, diese
Verpflichtungen eigenmächtig von sich abzuschütteln. Gerade im
Judenthume fand Geiger das Recht, frei zu denken, die Lehre legt
es ihren Bekennern als höchste Pflicht auf, den sinnlichen Anschau=
ungen der Gottheit entgegenzutreten; daß Gott in seinem unerfaß=
lichen Wesen vom Menschen nur menschlich gedacht wird, gedacht
werden kann, das ist eine Hauptlehre des Judenthums, mit welcher
der Denker nie in Widerspruch kommen kann. Die Gedanken,
die dem Menschen dabei kommen können, hat er sich nicht selbst
gegeben, aber die That ist sein, und zu Thaten einer ganz be=
stimmten Art verpflichtet das Judenthum. Geiger sieht darin we=
niger eine Glaubens=, als eine Lebenslehre, etwas, was sich
stets getreu bleibt und sich in seiner Umwandelbarkeit doch stets
entwickelt. Gerade der Verkünder der Sprachentwicklung wollte nun,
daß man das Bestehende und dessen Einflüsse gläubig und ehr=
furchtsvoll ansehe; gerade wer sich weit darüber erhaben glaube,
könne sich der Entwicklung, deren nothwendiges Gebilde er selbst
sei, nicht entziehen, und er sei dadurch auch vernunftgemäß an das
Ueberlieferte gefesselt.

Geiger verlachte daher alle Versuche, aus dem Judenthume
ein Lehrgebäude des Glaubens zu machen, den Gottesgedanken und
das Sittengesetz auf eine Masse von Fragen und Antworten zuzu=
richten, diese dem kindlichen Gemüthe einzupfropfen, während die
Lehre mehr die That, als den Glauben an die Spitze ihrer
Forderungen stellte. Er sah Männer, die ihm sehr nahestanden,
die hinsichtlich der Glaubenssätze die vollste Uebereinstimmung mit

dem behaupteten, was sie für den Hauptinhalt der Lehre ausgaben; nur an der Erscheinung, d. h. am Leben der Häuslichkeit und der Gemeinde änderten sie. Bisher waren wohl über das Wesen der Gottheit, über Freiheit und Unsterblichkeit die Ansichten der verschiedensten Denker im Umlaufe gewesen, wogegen über die that= sächlichen Pflichten des Lebens stets vollste Einheit geherrscht hatte. Kopfschüttelnd sah er den Bestrebungen derjenigen zu, die, trotzdem der jüdische Volksgeist bisher sich aus sich selbst geleitet hatte, nun im Gelehrtentalare durch willkürliche Eingriffe in die geschichtliche Gestalt des Judenthums dasselbe verjüngen zu können glaubten; er sagte diesen Versuchen entweder eine kurze Dauer oder einen höchst verderblichen Einfluß auf die Zukunft der Lehre voraus. Er wollte strenge Erhaltung des Bestehenden, dem er freilich eine un= bewußte Selbstentwicklung zusprach, und er selbst wirkte thätig für die Verbreitung jüdischen Geistes. Mit warmem Gemüthe stand er mitten unter seinen Glaubensgenossen, und aus seinen Werken findet man selbst, zumal wenn er die angefeindete Ueberlieferung zu sprachwissenschaftlichen Beweisen heranzieht, das Bestreben heraus, auch hier seinen Zusammenhang mit dem strengen Herkommen zu zeigen. So erhielt er sich die Frische seiner Jugendeindrücke, fern blieben ihm die schwächenden faustischen Zweifel, und dennoch war er ein Denker mit rücksichtslos folgerndem Geiste. Wir geben dies als eine Thatsache, woran Nichts zu ändern ist, und welche sehr verschieden beurtheilt werden kann. Wenn selbst seine strenggläu= bigen Glaubensgenossen in sehr vielen Punkten sich von ihm tren= nen, ja, ihn nur sehr bedingt als den Ihren in Anspruch nehmen werden, so werden sie in ihm doch den Beweis der Berechtigung ihrer Stellung sehen und es anerkennen, daß er gern alle Opfer brachte, um ihnen in der Ausführung des Gesetzes nur ganz zu gleichen. Und wenn sie und die Strengen anderer Glaubensan= schauungen genau darüber denken, so werden sie finden, daß er, nach der Eigenthümlichkeit des Judenthums beurtheilt, nicht weniger zu ihnen gehörte, als Saadia und Maimoindes, da die Richtungen des Judenthums sich nicht in der Lehre, sondern allein in der thatsächlichen Ausführung derselben unterscheiden, und darin, wie in der Wahrung des Ueberlieferten war Geiger unbeschadet seiner Denkerfreiheit völlig gesetzestreuer Jude. Seine ganze Lehre war, wie wir uns erinnern, auf diesem Boden gewachsen, und welche Gestalt sie auch später annahm — wir müssen die Gründe ehren, durch welche der Dahingegangene mit Bewußtsein sein Denken und sein Thun als übereinstimmend nachwies. Uns besonders lag es ob, diese Einheit zu begreifen und zu begründen, sie aus seinem gesammten Lebensgange als nothwendig sich ergebend darzulegen, um nicht mit der wohlfeilen Erklärung davonzugehen, daß hier ein offenbarer, mit der menschlichen Schwäche und Empfindsamkeit zu entschuldigender Riß zwischen der Lehre und dem Leben Geigers hervortrete.

Er lebte eben in einer Zeit, wo die Glaubenszänkereien zu verstummen schienen, wo er ungestraft seinen Stolz auf den angestammten Glauben kundthun und zugleich Hoffnungen auf sein Wirken für deutsche Wissenschaft bauen konnte. In der Zeit des Werdens deutscher Einheit, als man in jugendlicher Begeisterung die Stammesgegensätze zu verwischen strebte, ging er dahin; heute hätte er zuerst sein Judenthum entschuldigen, seine Berechtigung zu deutsch wissenschaftlichem Wirken, die jüdische Abstammung neben seinem deutschen Bewußtsein betonen und Beides für vereinbar erklären müssen. Dies ist ihm erspart geblieben.

Er starb am 29. August 1870. Ein unabsehbares Leichengefolge bewies, wie Alle mit der trauernden Familie fühlten, und daß man die hohe Bedeutung des stillwirkenden Gelehrten wohl zu schätzen wußte. Die Worte des Herrn Dr. Bärwald stellten den Verstorbenen in seinem Wirken als Lehrer dar, und sein greiser Vater, der die Hoffnung seines Alters in ihm geschwunden sah, sprach erschütternde Klageworte an seinem Grabe.

So ist der „einsame Denker" dahingegangen. Möge das Verständniß, das zu seiner Würdigung nothwendig ist, ihm von den Lebenden, welcher Geistes- und Glaubensrichtung sie auch angehören, nicht versagt werden.

Inhalt.